KING KLOPP

리버풀 왕조를 재건한 클로프의 전술 콘셉트

KING KLOPP

리버풀 왕조를 재건한 클로프의 전술 콘셉트

삼호미디어
samho MEDIA

KING KLOPP

Contents

시작하며

2019/20 시즌은 리버풀과 잉글랜드 프리미어리그 역사에 전환점이 됐다. 리버풀이 1980년대부터 이어진 무관을 끝내고 29년 만에 리그 우승을 차지한 것이다. 어느 시점에선가 팬들은 리버풀이 리그에서 매 시즌 부족한 모습을 보이자 무관을 저주로 받아들이기 시작하고 있었다. 이것이 극에 달한 건 2018/19 시즌으로, 당시 리버풀은 단 1패만을 허용하며 승점 97점을 기록하고도 맨체스터 시티에 이은 2위를 기록했다. 이는 챔피언스리그 우승을 차지했음에도 팬들의 마음을 달래기엔 충분하지 않았을 정도다.

이처럼 팬들의 큰 실망을 극복하는 건 웬만한 팀이나 감독에게는 어려운 일이지만, 리버풀은 달랐다. 위르겐 클로프(Jürgen Klopp) 감독은 선수들을 '멘탈 몬스터'로 만들었고, 2019/20 시즌은 리버풀에게 역사상 가장 압도적인 시즌 중 하나로 남게 됐다. 리버풀은 첫 29경기에서 무려 82점이라는 승점을 쌓아올리며 리그를 지배했다. 그때는 코로나 사태로 전 세계의 축구가 멈춘 상황이었다.

리버풀의 마지막 리그 우승은 프리미어리그 출범 직전이었기 때문에 사상 첫 프리미어리그 우승까지 단 2승만을 남겨두고 있었다. 2019/20 시즌에는 코로나 사태로 시즌이 취소될 가능성이 거론되기도 했지만, 다행히 리그는 재개될 수 있었고 비록 관중들과 함께하진 못했어도 리버풀은 우승을 확정 지었다.

이 책은 리버풀의 우승 과정을 따라가며 다루지는 않지만, 리버풀이 어떻게 축구 역사상 가장 효율적이고 강력한 팀이 될 수 있었는지를 전술적인 관점에서 살펴보고 이해해보려 한다.

여기서 한 가지 명심할 점이 있다. 리버풀이 시즌 내내 다른 팀들과의 승점 차이를 크게 벌리긴 했지만, 리그를 완전히 지배했던 것은 아니다. 몇몇 경기에서는 아주 치열한 승부를 펼쳤는데, 결과적으로 계속 승리를 거뒀다는 게 핵심이다. 2019/20 시즌은 리버풀 구단과 도시 모두에 전환점이 됐다. 이전 시즌들의 어지러운 실수들은 사라지고, 그 자리엔 단호한 결의를 가진 선수들이 새로 들어섰다.

클로프는 그 자체로 성공할 자격이 충분한 감독이다. 선수들과 언론을 편안하게 다루기도 하고, 선수들로 하여금 자신이 굉장한 팀의 일원으로 느끼도록 하는 능력도 갖고 있다. 또한 그는 전술적인 섬세함도 갖춘 감독이다. 리버풀은 2015년 클로프의 부임과 함께 변화를 시작했고, 꾸준한 개혁의 결과로 오늘날의 수준까지 올라섰다.

이 책의 목적은 리버풀의 전술을 구성하는 요소를 하나하나 파헤쳐서 그 배경과 맥락을 이해하는 것이다. 최근에는 전술 콘셉트와 전략에 관심을 가지고 관련 콘텐츠를 소비하는 축구 팬들이 굉장히 많이 늘어나고 있고, 축구 또한 다양한 각도에서 스포츠를 소비하고 즐길 기회를 제공하고 있다. 어떤 팬들은 직접 경기장에 가서 관중들 간의 열정과 연대감을 즐기기도 하

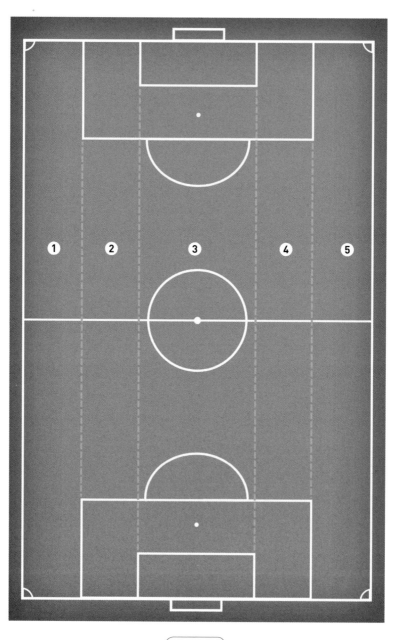

그림 1

고, 또 어떤 팬들은 집에서 편안하게 엔터테인먼트로서 경기를 즐기며 감독이 어떤 목표를 가지고 있는지 전술적인 관점에서 분석해보기도 한다.

필자의 목표는 전술적인 면에 관심을 갖고 있는 팬들에게 접근 가능한 정보를 전달하는 것이다. 전술을 다룬 책은 일반적인 축구 팬이 보기에 복잡한 용어들을 사용하는 학구적인 내용이라고 오해하기 쉽다. 하지만 이 책은 같은 전술 콘셉트를 설명하더라도 쉽게 이해할 수 있는 용어를 사용해서 독자들이 완전히 새로운 시각으로 경기를 볼 수 있도록 도움을 준다. 그럼에도 불구하고 본문에서도 '하프 스페이스'와 같은 전술 용어는 사용할 수밖에 없는데, 이 용어에 대해 잠깐 설명하고 넘어가겠다.

하프 스페이스는 중앙과 측면의 '반쪽 공간'이라는 문자 그대로의 용어로, 경기장 안의 특정 공간을 지칭하며 널리 퍼진 용어다. 그림 1을 보면 왼쪽부터 오른쪽까지를 1~5번으로 나누었다. 여기서 2번과 4번이 바로 하프 스페이스다. 공격 시 이 공간을 장악해서 상대 수비를 끌어내는 것이 전술의 핵심 맥락이 되곤 한다.

리버풀은 상대 수비 조직을 속여서 원래 위치에서 끌어내는 것이 전술의 핵심 콘셉트이고, 이 전략으로 2019/20 프리미어리그에서 연승을 질주하며 챔피언이 될 수 있었다. 지금부터 그 핵심 콘셉트를 하나씩 살펴보겠다.

Chapter 1

트렌트 알렉산더-아놀드

축구 팬들에게 가장 기쁜 일 중 하나는 유소년팀 출신 선수가 1군 무대에서 첫 발을 디디며 주전으로 자리를 잡아가는 모습을 보는 것이다. 그 선수가 몇 년 사이에 자신의 포지션에서 세계 최고 중 하나가 됐다고 상상해보자. 그게 바로 리버풀의 라이트백 트렌트 알렉산더-아놀드(Trent Alexander-Arnold)다.

알렉산더-아놀드가 2016년 처음으로 1군 무대에 모습을 드러냈을 때만 해도 오늘날과 같은 선수로 성장하리라는 걸 예상한 사람은 많지 않았다. 그는 정통 풀백으로 뛰었지만, 리버풀의 주전이 되기에는 신체 능력이 부족해 보였다. 당시에 뛰어난 기술을 종종 보여줬지만 현대적인 풀백 그 이상은 아니었는데, 이제 와서 돌아보면 이는 당연한 일이었다.

유망주 시절에 알렉산더-아놀드는 중앙 수비수, 공격형 미드필더, 중앙 미드필더까지 다양한 포지션을 소화했지만 정작 풀백으로 뛴 적은 거의 없었다.

사실 그는 자신이 선호하는 포지션은 중앙 미드필더라고 말한 바 있었고,

몇몇 팬들은 그가 리버풀과 잉글랜드 대표팀에서 결국 미드필더로 뛰게 되리라고 생각하기도 했다. 어린 시절부터 다재다능한 모습을 보인 유망주는 태도에 문제가 있거나 상대에게 휘둘리는 모습을 보이기도 하는데, 클로프 감독의 말에 따르면 알렉산더-아놀드는 '가장 꾸준한 프로 선수 중 하나이며, 집중력이 매일 더 좋아지는 선수'라고 한다. 이를 보면 어린 선수를 판단할 때 정신적으로든 신체적으로든 일반적인 기준에 따라 쉽게 판단하는 것은 위험한 일이라는 것을 알 수 있다.

알렉산더-아놀드가 미드필더로 복귀해야 한다는 주장의 논리는, 그가 맨체스터 시티의 케빈 더브라위너(Kevin De Bruyne)와 유사한 장점을 가진 선수이기 때문이라는 것이다. 하지만 우리는 이것이 리버풀의 전술 구조에 미칠 영향을 고려해야만 한다. 맨체스터 시티에서 더브라위너는 공을 전진시키는 핵심 선수로 뛰면서 중앙 지역에서 득점 기회를 만들어낸다. 이는 페프 과르디올라(Pep Guardiola ROMD) 감독이 맨시티에서 이뤄놓은 경기 모델의 일부이다. 하지만 리버풀의 그림은 다르다. 2019/20 시즌 내내 리버풀은 중원에 세 명을 배치하는 4-3-3 포메이션을 사용했고, 이 포메이션에서 미드필더는 창의성보다 기능성이 중시된다.

시즌을 진행하면서 리버풀이 알렉산더-아놀드를 활용하는 방식은 크게 발전했고, 현재 알렉산더-아놀드는 라이트백으로서 공을 전진시키고 창의적인 패스를 하는 핵심 선수가 됐다.

그의 역할을 제대로 이해하려면 우선 리버풀의 팀 전체가 어떤 방식으로 움직이는지를 알아야 한다. 우리는 리버풀의 공격수 셋이 얼마나 뛰어난지를 이미 알고 있다. 세네갈 공격수 사디오 마네(Sadio Mané)가 왼쪽, 브라질 공격수 호베르투 피르미누(Roberto Firmino)가 중앙, 그리고 어쩌면 가장 중요한 이집트 공격수 무함마드 살라흐(Mohamed Salah Ghaly)가 오른쪽에서 뛴다. 리버풀은 어떤 포메이션, 어떤 상대를 만나도 선발 명단에서 이 세 선수의 포지션을 고정시킨다. 다만 막상 경기에 들어가면 이들의 포지션은 다소 유동적이 된다. 마네와 살라흐 모두 하프 스페이스나 중앙 지역까지 움직이는 경향이 있고, 이를 위해 중앙 스트라이커인 피르미누는 아래쪽 공간으로 내려와 '10번' 플레이메이커 위치에 서며 다른 두 공격수와 느슨한 삼각 형태를 구성한다.

　이러한 움직임은 상대 수비를 혼란시키면서 수적 우위를 점하기 위한 설계다. 리버풀의 측면 공격수들이 안쪽으로 움직이면 상대 풀백들이 따라 움직이는가? 피르미누가 아래로 내려가면 상대 중앙 수비수 중 하나가 따라 올라오는가? 이 두 질문들에 대한 답변이 하나라도 '그렇다'가 되면 그 즉시 아래쪽에 있던 다른 리버풀 선수들이 전진해서 공략할 공간이 생기는 것이다. 물론 상대가 깊이 내려서서 풀백과 센터백들이 좁은 수비 블록을 형성할 수도 있다. 리버풀은 상대가 이러한 대응을 하지 못하도록 하기 위해서 폭을 넓게 유지할 필요가 있고, 이 때문에 풀백들이 굉장히 넓게 설 수밖에 없다. 그래야 파이널 서드(경기장을 공격/중원/수비 지역으로 삼등분했을 때 공격 지역)에서 상대를 공략할 공간이 생기기 때문이다.

　전통적으로 풀백들이 높게 올라가서 넓게 서는 것은 수비 뒷공간으로 공을 보내 상대 풀백들과 맞서게 하기 위해서다. 리버풀의 레프트백에 위치한 앤디 로버트슨(Andy Robertson)도 이런 경우에 속하지만, 오른쪽의 알렉산더-아놀드는 다르다.

　2019/20 시즌 내내 우리는 알렉산더-아놀드에게 훨씬 자유로운 역할이 주어지는 것을 볼 수 있었다. 그는 일반적으로 중앙 미드필더가 차지할 공

간으로 들어가기도 하는 등, 바깥쪽과 안쪽을 오가는 움직임으로 공격의 각도를 바꿔서 더 직접적으로 경기에 영향을 주었다. 그러나 살라흐와 알렉산더-아놀드가 모두 안쪽으로 움직여서 좁게 공격할 경우에는 중원이 굉장히 혼잡해지는 위험이 존재한다. 클로프 감독은 이 문제를 해결하기 위해 오른쪽에 서는 중앙 미드필더를 공격 시에 오른쪽 측면으로 이동시켰다. 이는 보통 조던 헨더슨(Jordan Henderson)이나 알렉스 옥슬레이드-체임벌린(Alex Oxlade-Chamberlain)이 맡은 역할인데, 이들은 상대 수비 간격을 넓혀서 알렉산더-아놀드에게 공간을 만들어줬다.

클로프 감독과 코치진이 설계한 이 움직임 덕분에 리버풀은 경기의 주도권을 더 확실하게 잡을 수 있게 됐고, 알렉산더-아놀드는 창의성을 담당하는 가장 중요한 선수가 됐다. 클로프 감독은 리버풀 부임 초기에 게겐프레싱(전방에서의 카운터 압박)에 너무 몰두해서 빠른 템포와 공격적인 압박 스타일만을 강조했다.

하지만 2019/20 시즌은 달랐다. 여전히 압박이 경기에서 매우 중요한 요소이긴 했지만, 리버풀의 정체성을 이루는 큰 부분은 아니게 됐다. 그 대신 리버풀은 경기를 장악하면서 템포를 조절했다. 알렉산더-아놀드가 안쪽으로 움직이자 리버풀은 더 효과적으로 경기를 지배하며 공을 돌릴 수 있었고, 그러면서 상대 페널티 지역 안으로 들어갈 수 있는 패스 길을 찾았다.

시즌을 진행하면서 알렉산더-아놀드는 유럽 무대에서 가장 효과적인 패스를 하는 선수이자 플레이메이커가 됐다. 강력한 킥으로 경기장 어느 지역으로든 공을 보낼 수 있는 능력이 있었기 때문에 클로프 감독은 젊은 라이트백에게 그토록 중요한 역할을 맡길 수 있었던 것이다.

알렉산더-아놀드의 활약과 역할 변화를 깊게 분석하기 전에, 우선 데이

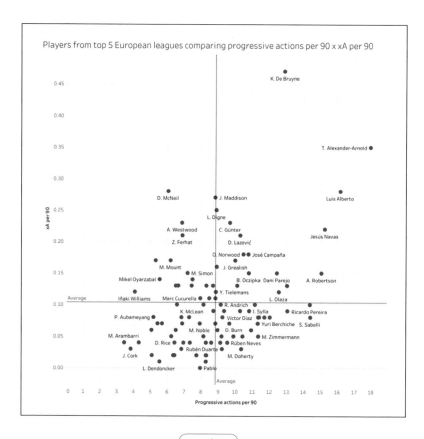

그림 2

터와 그림을 살펴보도록 하자.

그림 2의 분포도는 선수들이 소속팀에서 얼마나 공을 전진시켰고, 골을 넣기 좋은 기회를 얼마나 만들었는지를 보여준다. 이를 위해 사용한 측정 기준은 90분당 프로그레시브 액션으로, 이는 와이스카웃에서 프로그레시브 런과 프로그레시브 패스를 합한 것이다(자기 진영에서 30미터 이상 전진, 하프라인을 가로질러 15미터 이상 전진, 상대 진영에서 10미터 이상 전진하는 드리블/패스). 이는 선수가 상대 진영과 페널티 지역을 향해 얼마나 효과적으로 공을 전진시켰는지를 보여주는 지표다. 두 번째 측정 기준은 기대도움(Expected Assist, xA)으로, 세간에 잘 알려진 기대득점과 비슷한 방식의 자료다. 이는 선수가 골로 연결될 만한 기회를 얼마나 많이 만들었는지를 보여준다.

2019/20 시즌 유럽 5대 리그에서 1,000분 이상 출전한 선수들의 데이터를 모아서 분포도로 만들자 특이값을 나타내는 선수 두 명을 곧바로 확인할 수 있었다.

앞서 언급한 맨체스터 시티의 더브라위너는 90분당 0.45xA를 기록했는데, 이는 곧 두 경기당 한 번은 도움을 기록할 만한 패스를 하고 있다는 뜻이다. 그리고 알렉산더-아놀드는 90분당 0.35xA에 프로그레시브 런을 18회 기록했다. 더브라위너는 세계 최고의 플레이메이커 중 하나로 잘 알려져 있는데, 데이터를 보면 알렉산더-아놀드 또한 더브라위너와 비교할 만한 활약을 하고 있었다. 게다가 나이는 7살이나 어리다.

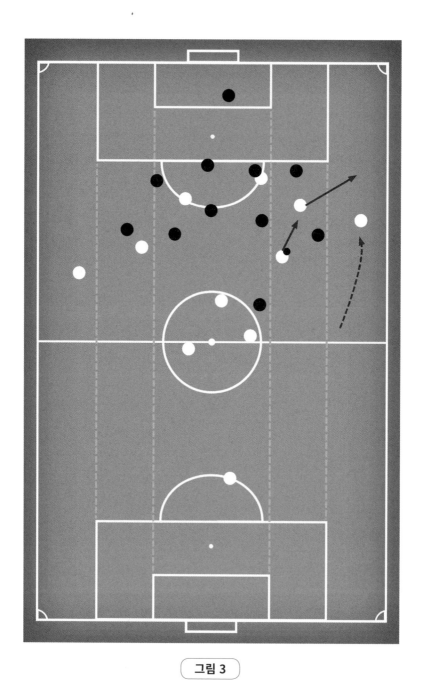

그림 3

이번에는 리버풀이 사용하는 4-3-3 포메이션에서 전형적인 풀백의 움직임이 어떤지를 알아보자. 그림 3을 보면 공이 오른쪽 하프 스페이스에 있는 8번(중앙 미드필더) 위치까지 전진하는 순간 측면 공격수가 안쪽으로 공간을 찾아 들어와 패스를 받으려 한다.

이 움직임으로 측면 공간은 비게 되고, 그곳으로 풀백이 빠르게 올라가서 넓은 폭을 유지해준다. 알렉산더-아놀드가 처음 1군에 진입했을 때는 이런 형태의 움직임을 자주 볼 수 있었다. 그는 다양한 형태의 크로스를 핵심 지역으로 공급하는 능력이 있었고, 이 지역에서도 뛰어난 크로스 능력 덕분에 상대에게 엄청난 위협이 되곤 했다. 하지만 이 능력이 진가를 발휘할 때는 페널티 지역 모서리 바로 바깥쪽에서 백패스를 받을 때였다. 그는 상대의 오프사이드 트랩을 피해서 반대쪽 골대를 향해 감아 차는 크로스 기술을 완벽의 경지로 끌어올렸다.

이러한 전통적인 풀백의 역할도 알렉산더-아놀드에게 딱 맞다고 할 수 있다. 클로프 감독도 한동안은 풀백을 이런 방식으로만 운용했다. 보루시아 도르트문트를 지휘할 때는 라이트백이 폴란드 국가대표인 우카시 피슈체크(Łukasz Piszczek)였는데, 그는 믿음직한 수비수이긴 했어도 창의적인 선수는 아니었다. 대신 세 명의 중앙 미드필더들이 창의적인 플레이를 전적으로 맡아 공을 전진시키고 득점 기회를 만들었다.

하지만 2019/20 시즌 당시 클로프 감독의 과제는 알렉산더-아놀드의 창의력을 최대한 발휘하게 할 방법을 찾는 것이었다.

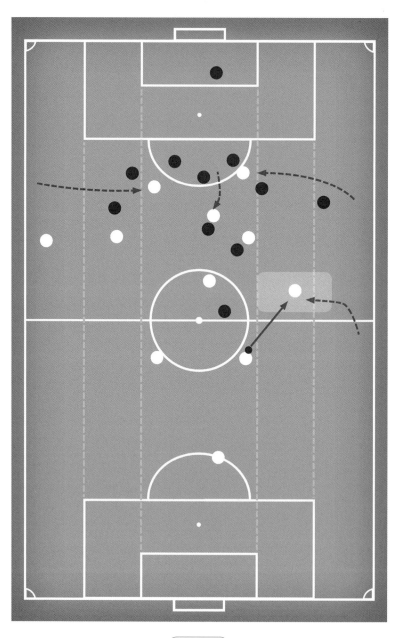

그림 **4**

그림 4에서는 2019/20 시즌 알렉산더-아놀드에게 두드러지던 움직임의 예시를 볼 수 있다. 이는 전형적인 풀백과는 달리 안쪽으로 움직이는 모습이다. 공격 작업 초반에는 오른쪽 중앙 수비수 조엘 마티프(Joel Matip)가 공을 갖고 있고, 공격진의 세 선수는 로테이션 움직임을 보이고 있다. 마네와 살라흐는 모두 안쪽으로 움직이고, 피르미누는 최전방에서 아래쪽으로 내려온다.

이러한 움직임과 함께 알렉산더-아놀드가 안쪽으로 움직이며 하프 스페이스로 접근, 공간으로 들어가 마티프의 패스를 받는다. 알렉산더-아놀드는 패스를 받자마자 앞쪽 공간으로 전진을 시작해 상대 페널티 지역을 향해 달려간다.

이제 앞에서 다뤘던 문제가 눈에 띄기 시작한다. 알렉산더-아놀드가 공을 가진 채 안쪽으로 움직이자 오른쪽 측면이 완전히 비어버린 것이다. 이때 상대 왼쪽 공격수와 중앙 미드필더가 서로 다른 각도에서 알렉산더-아놀드를 압박해올 수 있다. 이러한 이유 때문에 클로프 감독이 오른쪽 중앙 미드필더를 오른쪽 측면으로 이동시켰던 것이다.

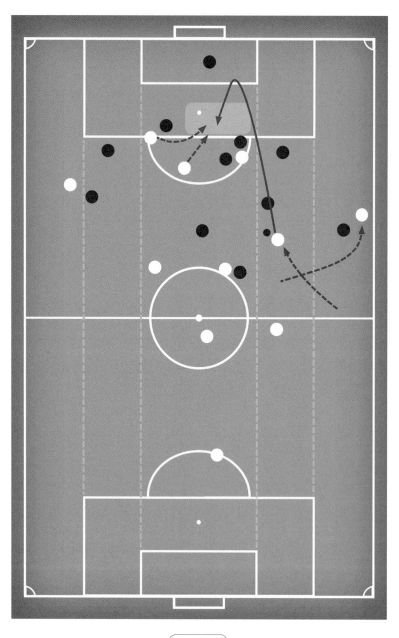

그림 5

전통적인 풀백과 달리 반대 방향으로 움직이는 풀백으로서 알렉산더-아놀드의 포지션은 큰 차이가 없어 보이기도 하지만, 파이널 서드 측면 지역과 하프 스페이스에서의 각도 변화는 리버풀이 깊게 내려선 상대 수비 블록을 무너뜨리는 데 결정적인 작용을 한다.

그림 5에서 이러한 모습을 볼 수 있다. 공을 잡은 알렉산더-아놀드가 전진한 하프 스페이스에 위치하고 있다. 이때 오른쪽 중앙 미드필더인 헨더슨이 오른쪽 측면으로 움직인다. 이 움직임 덕분에 상대 측면 선수는 공을 향해 압박을 가할 수가 없고, 알렉산더-아놀드에게는 여러 선택지가 생기게 된다. 자유롭게 공간을 향해 움직이는 헨더슨을 향해 바깥쪽으로 패스를 할 수도 있고, 그보다는 까다롭지만 더 효과적인 패스로 페널티 지역 진입을 노릴 수도 있다. 알렉산더-아놀드는 이 각도에서 상대 골키퍼와 수비진 사이 공간으로 드롭 패스를 넣을 수 있는 능력도 있다. 이 지역으로 향하는 패스의 강도를 판단할 수 있다는 것은 그의 재능과 기술적인 능력이 뛰어나다는 것을 보여준다.

이러한 능력 덕분에 이 지역에서 알렉산더-아놀드가 공을 잡고 있을 때 리버풀의 공격수들은 계속해서 공간으로 움직이며 상대 수비를 따돌리려고 한다. 그들은 완벽한 패스가 수비진 너머 공간으로 날아올 것을 알고 있기 때문에 곧바로 골문을 향해 슈팅할 수 있는 기회를 잡으려고 하는 것이다. 리버풀의 시스템에서 또 하나 흥미로운 점은, 다른 두 미드필더들의 위치다. 중앙에서 경기를 조율하는 파비뉴(Fabinho)와 왼쪽의 조르지뇨 베이날둠(Georginio Wijnaldum)은 공 뒤쪽에 나란히 서 있다. 베이날둠은 수직 방향으로 전진해서 상대를 위협하는 대신, 리버풀이 공격 방향을 바꾸려고 할 때 패스를 받아서 전진할 수 있는 위치에 자리를 잡고 있다.

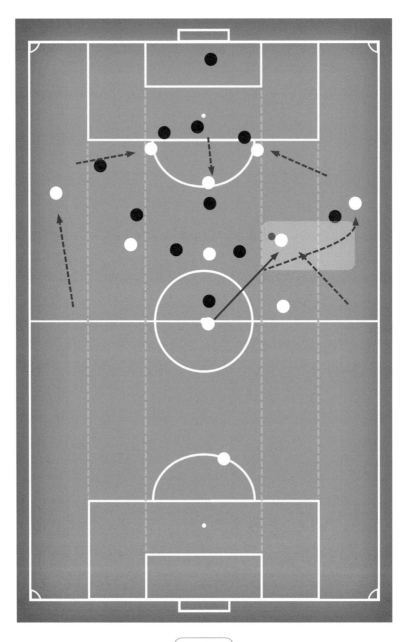

그림 6

그림 6은 리버풀이 다양한 움직임을 통해 균형 잡힌 공격 전개를 하는 모습이다. 왼쪽 중앙 수비수인 버질 판데이크(Virgil van Dijk)가 공을 잡고 있는데, 이때 알렉산더-아놀드는 이번에도 패스를 받을 공간을 찾아 안쪽으로 움직인다. 이에 맞춰 헨더슨은 중앙에서 오른쪽 측면으로 달려가고, 살라흐와 마네는 안쪽으로 들어와 있으며, 중앙 공격수인 피르미누는 아래쪽으로 내려와 플레이메이커 역할을 수행하고 있다. 왼쪽에는 마네가 비워둔 측면 공간을 로버트슨이 전진해서 즉시 차지한다. 이로 인해 리버풀은 측면 공간을 점유하는 동시에 페널티 지역 바깥의 중앙에서도 상대보다 수적 우위를 점하게 된다.

이러한 움직임 덕분에 알렉산더-아놀드가 공을 잡게 되면 다양한 패스 각도와 선택지가 만들어진다. 측면의 헨더슨에게 패스를 열어줄 수도 있지만, 그보다 흥미로운 선택지는 살라흐나 피르미누의 발 밑으로 패스를 연결해 페널티 지역 바깥의 중앙 지역에서 수적 우위를 점하고 빌드업을 이어가는 것이다.

알렉산더-아놀드는 안쪽 하프 스페이스로 움직임으로서 리버풀의 공격 전개에서 핵심 역할을 맡게 된다. 그는 회전축이 되는 위치를 장악해 상대 공격과 미드필더 사이 공간에서 경기 템포와 플레이 방향을 조절한다.

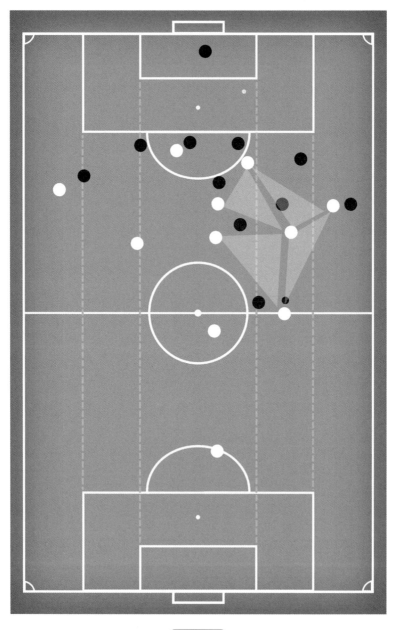

그림 7

그림 7은 리버풀의 전체적인 구조에서 회전축이 되는 위치를 장악하는 게 얼마나 중요한지를 보여준다. 알렉산더-아놀드가 안쪽으로 움직여서 하프 스페이스에 자리하고 있고, 주변 다섯 명의 동료들 사이에서 중심 위치에 있다. 이 구조에서는 알렉산더-아놀드가 핵심인데, 그는 여러 개의 삼각 형태를 만들 수 있는 위치 선정으로 공격의 각도를 빠르게 바꿀 수 있도록 한다. 이로 인해 오른쪽에서 중앙으로 움직이는 살라흐에게 패스 길이 열리거나, 피르미누가 10번 위치로 내려올 때 바로 패스가 갈 수 있는 것이다.

알렉산더-아놀드는 다른 두 명의 중앙 미드필더인 파비뉴, 베이날뒴과 같은 라인에 위치하고 있다. 이때 헨더슨은 오른쪽 측면으로 움직인 상태다. 리버풀 선수들은 이러한 구조와 위치 선정으로 상대 수비를 끌어내서 수적 우위를 점한다. 그와 동시에 반대쪽 측면으로 공을 보내면 열린 공간에서 상대와 일대일로 맞서는 기회를 만들 수 있다.

리버풀은 2019/20 시즌을 진행하면서 이러한 구조를 점점 더 자주 사용했고, 알렉산더-아놀드는 공을 잡자마자 빠르게 대각선 방향으로 반대쪽 풀백을 향해 패스를 보냈다. 이때 베이날뒴은 앞쪽 공간으로 전진하고, 레프트백인 로버트슨은 상대와 일대일로 맞선다. 이 플레이의 핵심은 알렉산더-아놀드가 이 위치에서 공을 잡았을 때 경기장 전체를 통제할 수 있다는 것이다.

Chapter 2
공을 가진 수비수들

지난 10년간 축구 전술에서 가장 긍정적으로 변화한 것 중 하나는 풀백들이 훨씬 두각을 나타내게 됐다는 것이다. 그들은 이제 공수 전환 시에만 기능하는 존재가 아니라, 1장에서 다뤘듯이 공을 전진시키는 데도 중요한 역할을 하게 됐다. 그러나 여느 전술 변화가 그렇듯, 풀백들의 공격적인 변화 또한 상대 감독들의 대응을 낳게 됐다. 전에는 풀백들이 전진하여 패스를 받았을 때 충분한 시간과 공간이 있었다면, 이제는 상대가 더 빠르게 압박해 오고 패스 길을 잘라서 위협을 차단하고 있다.

사실 감독 입장에서 공을 전진시킬 대안을 찾다 보면 가장 논리적인 선택지는 바로 중앙 수비수가 전진하는 것이다. 이 때문에 수비의 핵심으로 활약하던 선수들은 패스 능력이 좋은 경우가 많았다. 1970년대와 1980년대를 지배하던 리버풀을 생각해보면 앨런 한센(Alan Hansen)이 패스 능력을 갖춘 센터백으로서 명성을 날렸다.

그러나 추억 보정을 해보자면 그의 전성기 시절 축구는 지금과 많이 다른 모습이었다. 한센이 공을 몰고 전진해서 상대 진영까지 올라와 대각선 방향으로 긴 패스를 보낼 능력을 갖췄던 건 사실이다. 그러나 그 과정에서 상대의 전방 압박이나 압박을 위한 장치들은 당시에 거의 존재하지 않았다.

현재의 리버풀도 공격 시에 중앙 수비수를 중요한 일원으로 활용한다. 이는 클로프 감독이 이전 팀에서도 써왔던 전술이기에 놀라운 일은 아니다. 클로프가 마인츠를 떠나 보루시아 도르트문트에 부임한 2008년, 당시 그가 가장 먼저 영입한 선수 중 하나는 마인츠에서 뛰던 세르비아 국가대표 중앙 수비수 네벤 수보티치(Neven Subotić)였다. 클로프는 수보티치를 바이에른 뮌헨에서 영입한 마츠 후멜스(Mats Hummels)와 센터백 듀오로 기용했고, 이 둘은 도르트문트의 성공에 핵심적인 역할을 하게 됐다. 두 선수 모두 수비력이 뛰어났지만, 필요한 순간에는 공을 다루는 능력도 충분히 갖추고 있었다. 특히 후멜스는 상대 진영을 향해 정확한 패스를 공급하는 능력으로 성공을 거둬온 선수였다.

게겐프레싱 혁명이 기승을 부리던 독일 분데스리가에서 이러한 형태의 중앙 수비 파트너십이 성공을 거뒀기 때문에, 같은 논리가 잉글랜드 프리미어리그에도 적용될 수 있었다. 프리미어리그의 경기 속도가 더 빠르긴 했어도, 여러 팀들의 압박 전략은 다양성이나 섬세함에 있어서 분데스리가에 비해 부족했다.

이 전술의 요점은 두 센터백의 균형을 정확하게 잡는 것이다. 그래야 리버풀이 공을 가졌을 때 센터백이 영향력을 발휘할 수 있다.

사우샘프턴의 완강한 저항에도 네덜란드 국가대표 수비수 판데이크를 2018년 1월 이적 시장에서 영입한 것은 대성공이었다. 판데이크는 셀틱과 사우샘프턴에서 이미 패스 능력을 갖춘 수비수 역할을 완벽하게 보여준 선수였다. 이에 더해 독일의 샬케에서 카메룬 국가대표 수비수 마티프를 자유

계약으로 데려온 것 또한 영리한 영입이었다. 클로프 감독이 독일에 연줄이 있었기 때문에 마티프의 실력을 잘 알고 있었고, 자유 계약이라는 점 덕분에 마이클 에드워즈(Michael Edwards) 단장이 운영하는 영입 위원회의 요구 조건도 맞출 수 있었다. 클로프 감독은 판데이크와 마티프에 더해, 젊은 잉글랜드 수비수인 조 고메스(Joe Gomez)와 크로아티아 국가대표인 노련한 수비수 데얀 로브렌(Dejan Lovren)을 활용했다. 이후 시즌을 진행하며 로브렌은 4순위가 됐고, 판데이크가 왼쪽 센터백으로 고정된 가운데 오른쪽 파트너 역할을 두고 마티프와 고메스가 경쟁을 펼쳤다.

2019/20 시즌 리버풀의 센터백은 어떠한 능력을 갖춰야 했는지 알아보자.

수비 시에 센터백은 페널티 지역을 방어하며 자신이 막아야 할 선수를 따라붙을 수 있어야 한다. 그러나 현대 축구에서 수비수의 역할은 미묘해졌고, 팀의 전체적인 전술에 크게 영향을 받게 됐다.

따라서 리버풀의 수비 방식을 논할 때도, 팀이 어떤 방식으로 움직이는지부터 고려해야 한다. 리버풀은 점유율을 높게 가져가는 팀이기 때문에 상대 진영에서 보내는 시간이 대부분이다. 이는 곧 리버풀 수비수들이 공격 시에 높게 전진해 있다가, 공이 다시 자기 진영으로 넘어올 때는 빠르게 원위치로 복귀해야 한다는 것을 의미한다. 또한, 리버풀은 높은 위치에서 공을 빼앗았을 때 곧바로 공격적인 카운터 압박을 실행해서 공을 되찾으려 하는 팀이다.

이 두 가지 사실만 놓고 봐도 리버풀의 중앙 수비수에게 어떠한 능력이 필요한지를 알 수 있다. 상대가 자기 진영에서 공을 되찾게 되면 빠르게 리버풀의 전방 압박을 벗어나려 하고, 그러기 위해서는 긴 패스를 시도하는 경우가 많아진다. 리버풀의 두 중앙 수비수는 높은 지역으로 올라가 있는 상태에서 상대 공격수를 일대일로 막을 수 있어야 하고, 자신과 골키퍼 사이 공간으로 날아오는 공을 향해 빠르게 달려갈 수도 있어야 한다. 그와 동시에 높은 비율로 날아오는 긴 패스를 두고 상대 스트라이커와 공중 경합을 펼쳐 승리할 수 있는 능력도 갖춰야 한다.

이제 리버풀이 공격할 때 중앙 수비수에게 어떤 플레이가 요구되는지 알아보자. 공격 시에 중앙 수비수들이 높은 지점까지 올라간다는 점은 이미 언급한 바 있다. 공격이 막혀서 패스가 뒤로 돌아오는 상황이 되면 중앙 수비수나 6번(수비형 미드필더) 포지션이 패스를 담당하는데, 이때 핵심은 침착하게 공을 다루는 것이다. 2019/20 시즌 내내 리버풀에서는 중앙 수비수, 특히 판데이크가 공을 전진시키는 모습을 자주 볼 수 있었다. 앞서 언급했듯, 상대가 라이트백인 알렉산더-아놀드를 압박할 때는 중앙 수비수의 지원이 필요하다. 리버풀은 두 명의 중앙 수비수 모두가 전진해서 패스를 받아 공을 편안하게 처리하고, 상대 수비 라인을 무너뜨리는 패스로 득점 기회를 만들려고 했다. 이러한 프로그레시브 액션은 상대 수비 블록이 리버풀의 공격진을 막기 위해 깊이 내려설수록 더 중요한 역할을 했다. 또한 판데이크나 마티프, 고메스는 수비진에서 올라와 상대의 압박을 유도하는 모습을 흔히 볼 수 있다. 이 움직임은 간단해 보이지만, 공을 가진 중앙 수비수의 전진을 막으러 상대 선수가 나오게 되면 상대 수비 조직이 무너지고 그렇게 생긴 공간은 더 전진해 있던 리버풀 선수들이 공략할 수 있게 된다.

공을 가지고 전진하거나 패스하는 능력도 중요하지만, 리버풀의 중앙 수비수는 언제 전진하고 언제 공격의 각도를 바꾸는 패스를 해야 하는지를 판단할 줄도 알아야 한다.

이러한 판단의 핵심은 수직 패스 길의 활용법을 이해하는 것이다. 공을 가진 중앙 수비수는 보통 하프 스페이스에 위치하는데, 이때 본능적으로 파이널 서드를 향해 전진 패스를 보내려고 한다. 만약 전진 패스가 불가능하면 다른 중앙 수비수에게로 공을 넘겨 패스 길을 열어보려고 한다. 방향을 바꾸는 패스는 속도가 충분히 빨라야 상대 수비 블록에게 대응할 시간을 주지 않고, 패스를 받은 선수가 공을 전진시킬 수 있게 된다. 지금부터 관련 사례와 함께 수비수들의 역할과 중요성에 대해 좀 더 자세히 살펴보겠다.

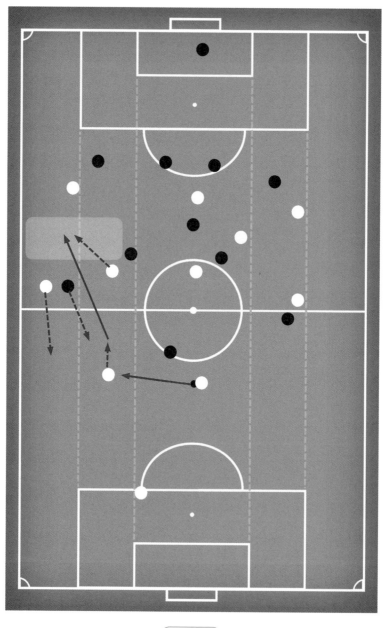

그림 8

그림 8은 중앙 수비수들이 수비 지역에서 올라와 공을 다루는 능력이 얼마나 중요한지를 보여준다. 리버풀은 평소의 4-3-3 시스템을 사용하고 있고, 알렉산더-아놀드와 살라흐가 하프 스페이스를 향해 로테이션 움직임을 가져가기 시작한다. 상대는 4-1-4-1 포메이션으로 서서 리버풀에게 공간을 거의 내주지 않고 있다.

공을 가진 마티프는 쉬운 패스 옵션이 없어서 자세를 바꿔 빠르게 수평 방향 패스를 판데이크에게 연결한다. 이때 패스의 속도가 중요하다. 패스가 느렸다면 상대 공격수가 쉽게 방향을 바꿔 판데이크를 압박해 전진 패스 기회를 차단했을 것이다. 또한 이 사례를 보면 왼쪽 중앙 수비수가 왼발잡이, 오른쪽 중앙 수비수가 오른발잡이인 것이 왜 효과적인지를 알 수 있다. 판데이크는 자신이 잘 쓰는 왼발로 공을 잡기 때문에 상대의 압박 방향으로부터 떨어져서 자세를 바꿔 전진할 수 있다. 만약 이 위치에 있는 선수가 오른발잡이였다면 압박하는 상대 방향으로 공을 잡기 때문에 공간을 차단당했을 것이다.

패스를 받은 판데이크는 공을 보낼 확실한 선택지가 보이지 않아, 직접 하프 라인을 향해 전진한다. 이때 레프트백인 로버트슨이 밑으로 내려와 바깥쪽으로 패스를 보낼 선택지를 만들어주려 하자, 상대 오른쪽 미드필더가 그를 따라 움직이면서 판데이크를 압박하려 했다. 그러자 앞쪽에 있던 중앙 미드필더 베이날둠이 비어있는 뒷공간으로 움직였고, 판데이크는 이 공간으로 전진 패스를 하여 다음 단계의 공격 기반을 마련한다. 이처럼 공격 시 어디로든 공간을 만들어 전진할 수 있는 것이 리버풀의 가장 큰 장점이다.

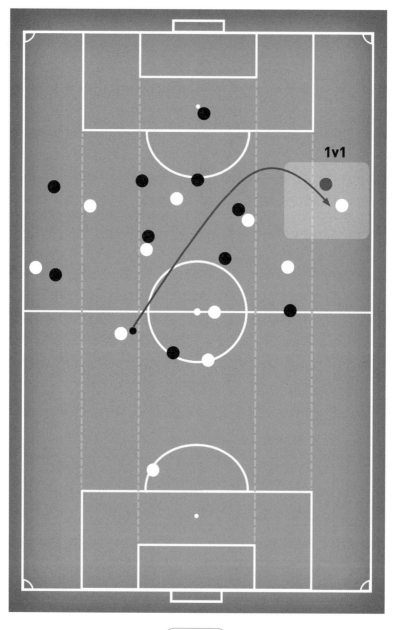

그림 9

현대 축구에서 중앙 수비수들이 공을 잡고 있는 시간이 늘어나면서, 중앙 수비수들에게는 경기장 어느 공간이든 활용할 수 있는 넓은 패스 범위가 중요해졌다. 앞에서 언급했듯이 수비수들은 공을 잡게 되면 본능적으로 공을 전진시켜 상대 수비 라인을 뚫으려고 하는데, 이러한 패스가 언제나 가능한 건 아니다.

리버풀은 언제 어떻게 공격을 할지 예측할 수가 없다. 마네, 피르미누, 살라흐로 구성된 다재다능한 공격진이 강한 압박 속에서도 편안하게 공을 다룰 수 있어 다양한 시나리오를 만들 수 있기 때문이다. 이러한 사례를 그림 9에서 볼 수 있다.

이번에도 판데이크가 공을 갖고 있고, 리버풀은 4-3-3 시스템으로 상대의 4-1-4-1에 맞서고 있다. 여기서는 포메이션보다 그 포메이션으로 어떤 공간을 장악하고 있는지가 중요하다. 예를 들어 4-1-4-1도 두 명의 측면 미드필더가 스트라이커를 지원하기 위해 올라가면 4-3-3이 된다. 그러다가 수비 시에는 미드필드로 내려와서 더 효과적인 수비 블록을 구성하는 것이다.

오른쪽 측면을 보면 살라흐가 고립되어 상대 수비와 일대일로 맞서 있다. 리버풀에 입단한 이후 살라흐의 활약을 고려하면 상대가 이런 일대일 상황으로 그를 내버려두는 것은 드문 일이다.

판데이크가 패스를 받았을 때는 시간과 공간이 모두 충분한 상황이다. 또한 그는 공격 각도를 바꿔 경기장을 넓게 활용할 수 있는 시야와 패스 능력을 갖추고 있다. 그가 보낸 한 번의 대각선 패스는 여섯 명의 상대 선수를 제쳤고, 이를 받은 살라흐는 상대와 일대일로 맞서게 됐다.

이렇게 공격의 각도를 바꾸는 긴 패스 능력 때문에 상대는 리버풀의 공격을 효과적으로 막아내기가 아주 어렵다.

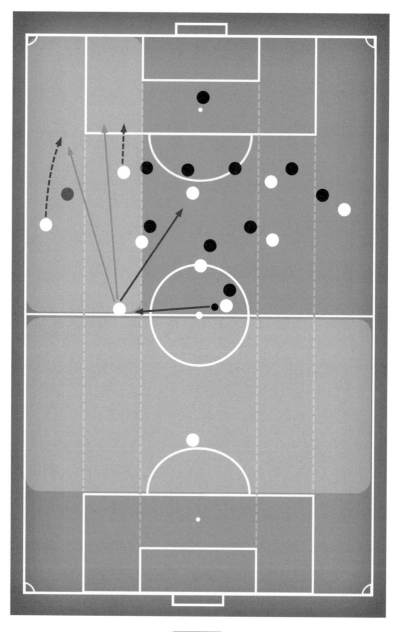

그림 10

리버풀 수비수들이 공을 전진시키고 수직 패스를 통해 공격 각도를 빠르게 바꾸는 능력이 얼마나 중요한지 살펴봤다. 특히 리버풀처럼 경기를 지배하고 공격하는 팀에서는 중앙 수비수들이 상대 진영의 좁은 공간에서 공을 다루는 능력이 매우 중요하다.

리버풀이 상대 진영으로 올라갔을 때 상대는 그림 10에서처럼 뒤로 물러나 좁은 수비 블록을 형성한다. 이번에도 패스 연결은 오른쪽 중앙 수비수인 고메스로부터 시작된다. 고메스가 공을 갖고 있을 때는 상대 수비 블록이 제자리에 있기 때문에 깨끗한 전진 옵션이 보이지 않는다. 따라서 앞선 예시와 마찬가지로 고메스는 왼쪽 하프 스페이스에 자리하고 있는 판데이크에게 패스를 보낸다.

이번에도 판데이크가 공을 잡았을 때 상대 수비 블록은 대처할 시간이 충분하지 않았고, 판데이크에게는 패스를 보낼 수 있는 시간과 공간이 생기게 된다. 여기서 그의 패스 선택지는 세 가지인데, 왼쪽 뒷공간으로 패스를 보내 로버트슨이 상대 라이트백을 따돌리고 들어가게 할 수도 있고, 어렵지만 수직 방향으로 패스를 보내 마네가 페널티 지역 안으로 들어가게 할 수도 있으며, 피르미누의 발밑으로 패스를 보낼 수도 있다. 이 사례에서는 중앙의 피르미누에게 패스를 보냈고, 피르미누가 곧바로 오른쪽 하프 스페이스에 있는 살라흐에게 패스를 보내면서 상대 수비를 무너뜨렸다.

이 그림에서는 두 중앙 수비수의 뒷공간을 강조 표시해뒀다. 만약 상대가 공을 빼앗아 빠르게 공격으로 전환할 때 리버풀의 수비수들이 얼마나 많은 공간을 통제해야 하는지를 보여주기 위해서다.

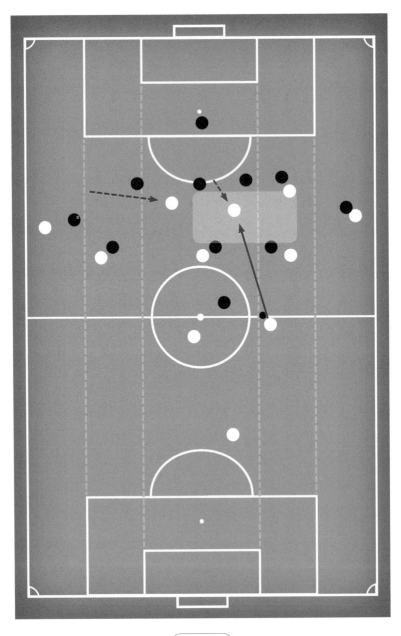

그림 11

공을 잡은 리버풀 수비수들의 최우선 목표는 상대 라인을 뚫는 수직 패스를 보내는 것이라고 언급한 바 있다. 이러한 목표가 완벽하게 이뤄진 사례가 바로 그림 11이다.

이번에는 마티프가 공을 갖고 있다.

상대 라인을 뚫는 패스가 이어지기 전에 리버풀 공격수들이 움직여서 패스를 받을 수 있는 공간을 만들어내야 한다. 피르미누가 반대쪽 상대 중앙 수비수와 맞서고 있는 상황에서 마네가 왼쪽 측면에서 중앙으로 들어오자 상대 미드필더는 두 명의 움직임을 신경 쓰게 된다. 마네의 이 움직임이 신호가 되어 피르미누도 로테이션 움직임으로 공을 향해 아래쪽으로 내려온다.

이 움직임 덕분에 마티프에게는 상대 라인을 뚫는 전진 패스를 빠르게 보낼 수 있는 기회가 생기고, 패스를 받은 피르미누는 돌아서서 상대 페널티 지역을 공략할 수 있게 된다.

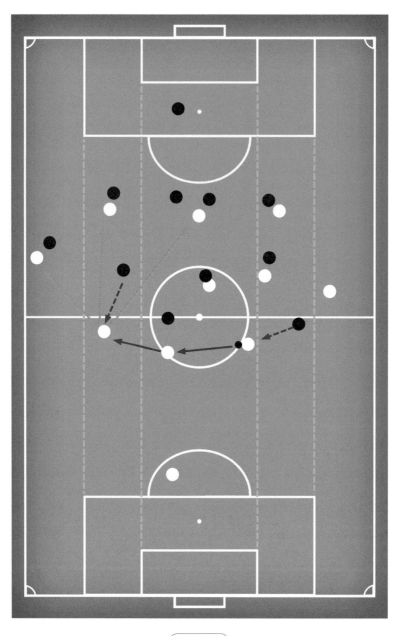

그림 12

중앙 수비수가 공을 전진시킬 때의 기본 원칙은 압박해오는 상대보다 수적 우위를 점하는 것이다. 만약 상대 선수 한 명이 압박해온다면 리버풀은 두 명의 중앙 수비수가 필요한 셈이다. 그렇다면 상대 선수 두 명이 전방 압박을 해올 경우에는 어떻게 해야 할까?

리버풀은 간단한 해답을 찾아냈다. 그림 12를 보면 4-1-4-1 포메이션의 상대 팀에서 왼쪽 미드필더가 올라와 리버풀의 수비를 압박하며 4-4-2 형태가 된 상황이다. 이때는 공을 전진시킬 확실한 공간이 보이지 않는다.

이 문제를 해결하고 3대2의 수적 우위를 만들기 위해서, 리버풀에서는 미드필더 베이날둠이 중원에서 내려와 두 명의 중앙 수비수와 함께 연결고리를 만든다. 후방 미드필더의 간단한 움직임으로 빌드업 구조가 완전히 바뀌었고, 덕분에 리버풀은 두 명의 상대가 압박해오는 상황에서도 후방에서부터 위험 지역까지 깔끔하게 공을 전진시킬 상황을 만들어낸다. 베이날둠은 공을 잡았을 때 세 가지 확실한 패스 옵션을 갖게 되어 바깥쪽의 로버트슨, 전방의 마네, 대각선 방향의 피르미누 중 누구에게도 패스를 보낼 수 있다. 상대는 많은 숫자가 전방 압박에 가담한 탓에 리버풀이 공을 전진시킬 때 수비 간격이 느슨해지게 된다.

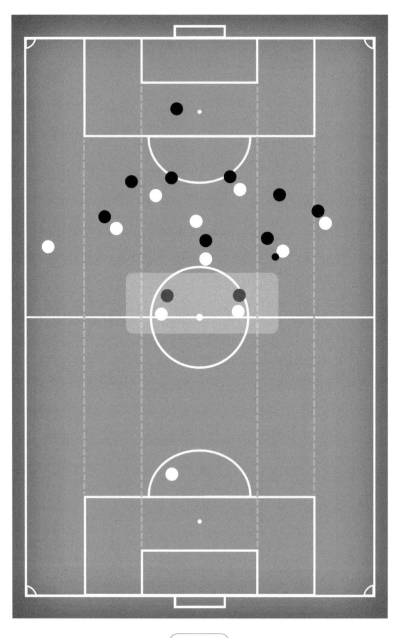

그림 13

공의 전진에 중앙 수비수들을 핵심적으로 활용하는 방식이 전혀 문제가 없었던 것은 아니다. 2019/20 시즌 도중 리버풀의 효과적인 빌드업을 저지하는 방법을 찾아낸 팀이 하나 있었는데, 이는 챔피언스리그 조별라운드에서 만난 나폴리였다. 같은 조에 속했던 레드불 잘츠부르크도 강력한 도전자였지만, 리버풀에게 가장 힘든 시험을 선사한 상대는 나폴리였다.

나폴리는 홈과 원정 경기에서 모두 철저하게 4-4-2 포메이션을 유지하며, 수비 시에는 두 명의 공격수가 리버풀의 중앙 수비수들에게 최대한 가까이 붙어 있게 했다. 이때 나머지 나폴리 선수들은 뒷공간을 거의 내주지 않은 채 촘촘한 수비 블록을 형성했다. 이 때문에 리버풀은 수비 뒷공간을 공략해서 득점 기회를 만들 각도를 찾아내기가 어려웠다.

나폴리가 공을 되찾게 되면 두 공격수는 이상적인 위치에서 리버풀 수비 뒷공간으로 향하는 패스를 받기 위해 날카롭게 움직였다.

나폴리의 시스템에도 위험 부담은 있었다. 촘촘한 수비 블록을 유지하려면 굉장한 집중력이 필요했고, 리버풀이 공을 갖고 전진했을 경우에는 수적 열세에 시달렸다. 하지만 리버풀이 공을 전진시킬 때 중앙 수비수들에게 중요한 역할을 맡긴 만큼, 나폴리와 비슷한 형태로 리버풀에 맞선 팀이 많지 않았던 것은 의외라고 할 수 있다.

Chapter 3
6번의 중요성

앞서 우리는 리버풀이 경기에서 전술적인 주도권을 잡기 위해 클로프 감독과 코치진이 택한 변화를 다룬 바 있다. 클로프는 잉글랜드 무대로 온 초반에 혼잡한 중앙 지역을 피하려는 변화를 꾀했다. 하지만 이는 완전한 변화였을까? 리버풀의 2019/20 시즌 공격 전술에서는 여전히 혼잡한 요소들이 남아 있었다. 앞서 언급했던 로테이션 움직임을 생각해보자. 최전방 공격수가 밑으로 내려오면서 두 명의 측면 공격수가 중앙으로 움직였다. 이로 인해 생긴 측면 공간은 레프트백이 높게 올라가서 점유했다. 오른쪽에서는 라이트백이 하프 스페이스로 움직이는 대신 오른쪽 중앙 미드필더가 바깥쪽으로 로테이션 움직임을 가져갔다. 이 모든 움직임은 공의 점유나 공간 활용 모두에서 혼란한 상황을 연출해 상대 수비 조직에 스트레스를 안겼다.

리버풀의 기본적인 공격 구조에 대한 설명은 혼란보다는 '조직된 혼란'이라고 하는 편이 더 적절하다. 훈련에서부터 모든 선수들에게 잘 맞는 움직임을 체득하게 했기 때문에 이는 조직적인 움직임이 된다. 경기를 보는 입장에서나 상대 팀 입장에서나 리버풀 선수들의 움직임에 대한 이해도는 같다고 할 수 있다. 하지만 움직임을 이미 알고 있더라도 실제로 리버풀의 공격을 막는 건 전혀 다른 차원이다.

경기장 전역에서 로테이션 움직임이 이뤄지는 가운데, 누군가 한 선수는 침착하게 경기를 조율할 수 있어야만 한다. 리버풀에서는 이 '6번' 싱글 피보테 역할을 세 명의 미드필더 중 가장 아래쪽 선수가 맡게 된다.

2019/20 시즌에 이 역할을 소화한 선수는 세 명이었다. 26세의 브라질 국가대표 미드필더 파비뉴가 주전이었지만, 베이날덤과 헨더슨 또한 시즌을 진행하며 싱글 피보테 역할을 소화했다.

피보테 포지션의 선수를 활용하는 방식은 다양하다. 전통적으로 세 명의 미드필더 중 가장 아래쪽에 서는 선수는 오로지 수비적인 역할을 맡아 상대 공격을 저지하고 공을 되찾아 안전한 패스를 한다. 이후에는 점차 후방 플레이메이커라는 역할이 생겨나면서 이 역할은 공의 순환도 담당하게 됐다. 플레이메이커를 전통적인 위치보다 아래로 내리게 된 것은 공을 잡았을 때 더 많은 공간을 확보한 상태에서 공을 전진시키기 위해서다.

2019/20 시즌 리버풀은 6번 선수가 이 두 가지 역할을 동시에 맡아 수비와 공격 모두에 관여했다. 따라서 6번은 공격과 수비 시에 모두 리버풀의 핵심적인 포지션이었고, 클로프가 가장 신뢰하는 코치 중 한 명인 펩 레인데르스는 이 역할을 맡은 파비뉴가 경기를 장악하는 핵심이라고 설명한 바 있다.

토트넘과의 홈 경기에서 2-1로 승리한 이후 레인데르스 코치는 리버풀 공식 사이트를 통해 다음과 같이 말했다: 파비뉴는 계속해서 팀을 보호해야 하는 선수다. 상대가 역습해올 공간을 통제하는 아주 중요한 역할을 맡고 있다. 그는 이 역할을 아주 잘 소화하며 팀의 방향을 이끌어주기 때문에 '등대'라고 불린다.

이 인터뷰는 리버풀의 피보테가 어떠한 역할을 하는지 확실히 보여준다. 리버풀은 공격할 때 로테이션 움직임을 통해 파이널 서드에서 공간을 장악하고 수적 우위를 점하는데, 이로써 자연스럽게 상대는 역습 시에 리버풀 진영 공간을 공략하게 된다. 리버풀은 레프트백이 측면으로 넓고 높게 움직이고, 라이트백은 하프 스페이스로 움직이기 때문에 양 측면 공간이 비게 된다. 이 때문에 리버풀은 기민하게 움직이며 측면 공간도 커버할 수 있는 중앙 수비수를 영입해 상대의 빠른 역습에 대처하려 했다.

하지만 이 문제를 해결하는 방법이 또 하나 있는데, 그건 바로 피보테가 측면으로 움직여 상대가 공략하려는 공간을 수비하는 것이다.

파비뉴는 이 역할에 아주 딱 맞는 선수다. 유럽 무대 데뷔를 라이트백으로 했기 때문이다. 그는 포르투갈의 히우 아베와 레알 마드리드 유소년팀에서 측면 수비를 맡았고, 2013년 모나코로 이적한 이후부터는 중앙 수비수나 가장 낮은 위치의 미드필더를 소화했다. 이렇듯 전술적으로 다재다능한 능력을 갖춘 것과 더불어, 파비뉴는 측면 공격에 가담하는 풀백을 소화하며 익힌 움직임으로 경기장 전체를 쉽게 커버할 수 있게 됐다.

리버풀의 6번 역할을 맡은 다른 두 선수는 수비 능력에서 다소 차이가 있다. 베이날둠은 패스 각도를 이해하는 능력이 뛰어나 가로채기에 능하지만, 파비뉴만큼 빠르게 움직이지는 못한다. 반대로 헨더슨은 아주 빠르게 움직일 수 있기 때문에 혼란스러운 수비 상황에서 능력을 발휘하지만, 정교함이 요구되는 상황에서는 위험에 노출될 수 있다. 이 때문에 클로프와 코치진은 다양한 전술 변화를 준비해야 하지만, 가장 선호하는 옵션은 단연코 파비뉴다. 파비뉴는 주위가 로테이션 움직임으로 혼란스러운 와중에도 절대로 자신감과 침착함을 잃지 않는다. 리버풀이 '조직된 혼란'으로 공격에 나서는 가운데, 파비뉴는 중앙 수비수 판데이크와 함께 조율을 담당했다.

이제 우리는 리버풀의 시스템에서 수비 시에 '6번' 피보테에게 필요한 능력이 무엇인지 알게 됐다. 그렇다면 공격 시에는 어떤 능력이 필요할까?

이를 알아보기에 앞서 리버풀은 거의 모든 경기에서 높은 점유율을 차지하는 팀이라는 점을 명심해야 한다. 빠른 역습에서는 월드클래스인 세 공격수의 능력을 활용하지만, 상대는 수비 뒷공간을 내주는 것을 염려해서 점점 더 뒤로 물러나 수동적인 수비 형태를 취하게 된다.

리버풀의 피보테는 일반적으로 중앙 지역에 머무르며 마치 전진한 중앙 수비수와 비슷한 역할을 맡는다. 패스의 시발점 역할을 한 뒤에는 자기 진영으로 돌아가는데, 리버풀이 파비뉴를 활용할 때는 그의 장점을 이용해 한 박자 늦게 전진하게 하여 상대 수비를 무너뜨렸다. 이러한 전술은 지공 상황에서 깊고 촘촘한 수비를 펼치는 상대에게 활용됐는데, 주로 1차 공격 시도가 막힌 뒤 다시 수비를 뚫을 길을 찾는 상황에서 활용됐다. 수비가 촘촘한 상황에서는 피보테가 전진해서 공격 조직에 더 적극적인 역할을 담당한다. 상대는 이미 리버풀의 공격 움직임을 알고 있다. 측면 공격수들은 안쪽으로 들어오고, 최전방 공격수는 아래로 내려가며, 레프트백이 높게 올라가고, 라이트백은 하프 스페이스에서 수적 우위를 점한다. 하지만 이러한 가운데 189cm의 파비뉴가 한 박자 늦게 페널티 지역까지 올라가면 이를 막기는 굉장히 까다로워진다. 이 전진 움직임은 리버풀에게 상대를 뚫을 수 있는 길을 하나 더 만들어주고, 순식간에 상대보다 수적 우위를 점하게 해줘 수비를 공략할 수 있게 한다. 지금부터 관련 사례를 보면서 6번 선수의 역할에 대해 좀 더 알아보겠다.

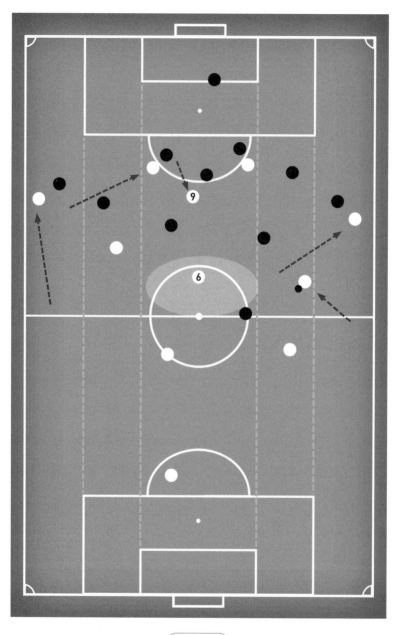

그림 14

그림 14는 선수가 중앙 지역을 점유해서 팀 전체의 기준점이 되는 것이 얼마나 중요한지를 보여주는 장면이다. 알렉산더-아놀드가 오른쪽 하프 스페이스에서 패스를 받자 파이널 서드에서 익숙한 패턴의 움직임이 보인다. 피르미누가 아래로 내려오고 두 측면 공격수들은 안쪽으로 움직여 상대 중앙 수비수들의 시선을 끈다. 이는 상대 수비가 피르미누를 따라 공간으로 올라오지 못하도록 하는 것이다.

공격의 폭을 유지하는 것은 왼쪽 측면의 로버트슨이다. 그는 높은 위치까지 전진해 있고, 오른쪽 측면에는 헨더슨이 빠져 들어가 있다.

이 모든 움직임이 일어나는 가운데 파비뉴는 중앙 지역에 위치를 유지하고 있다. 알렉산더-아놀드가 파이널 서드나 페널티 지역으로 패스를 시도했다가 끊기게 되면, 전진해 있는 동료들을 파비뉴가 빠르게 커버해야 하기 때문에 이 위치를 유지하는 게 중요하다.

흥미로운 점은 공격 시에 중심을 잡는 핵심 선수가 두 명이 있다는 것이다. 하나는 피르미누로, '9번' 역할을 맡으면서도 밑으로 내려와 중앙 지역을 차지해 공의 전진에 관여한다. 다른 하나는 '6번' 역할로 이는 주로 파비뉴가 맡는다. 리버풀처럼 하프 스페이스에서 안쪽과 바깥쪽으로 많은 움직임이 이뤄지는 팀에서는 이처럼 중앙 지역을 점유하는 선수가 중요하다.

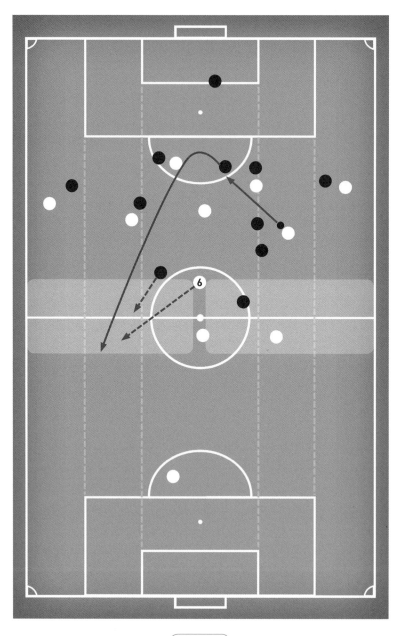

그림 15

파비뉴처럼 민첩하게 움직이는 6번 역할 선수는 측면 공격에 집중하는 팀에서 특히 중요하다.

그럼 15에서도 공은 하프 스페이스 지역에 자리하고 있다. 다만 이번에는 옥슬레이드-체임벌린이 공을 갖고 있고, 알렉산더-아놀드는 측면에서 더 전진해 있다. 리버풀의 전체적인 구조가 공이 있는 오른쪽으로 틀어져 있는데, 이는 두 중앙 수비수의 위치를 보면 알 수 있다. 공격 작업이 끊기면, 수비 1선의 선수들이 백패스를 받아 반대 방향으로 전개할 수 있기 때문에 이는 정상적인 위치 선정이다.

그러나 이 위치 선정에도 문제는 있다. 상대에게 공을 빼앗기면, 반대쪽의 커버가 부족해 그쪽으로 역습을 허용할 수 있기 때문이다. 예시를 보면 옥슬레이드-체임벌린이 페널티 지역 앞으로 패스를 했다가 상대 선수에게 빼앗긴다. 그러자 상대 미드필더 중 한 명이 반대쪽 공간으로 빠르게 달려가고, 상대는 한 번의 패스로 역습을 시도한다.

다행히 리버풀의 중앙 수비수들은 발이 아주 빠르다. 판데이크와 고메스, 마티프 모두 한쪽 공간에서 수비를 하다가도 반대쪽의 넓은 공간을 커버할 수 있는 선수들이다. 만약 파비뉴가 6번으로 뛰고 있으면 그럴 필요조차 없어진다. 그가 빠르게 대응해서 수비를 펼치기 때문이다. 6번이 반대쪽 지역을 커버하면 두 중앙 수비수는 공과 가까운 쪽에 위치해서 더 균형 잡힌 수비 조직을 유지하게 된다. 이로써 상대가 리버풀의 수비를 한쪽으로 끌어놓고 방향을 바꿔 뒷공간으로 빠른 역습을 하더라도 차단이 가능한 것이다.

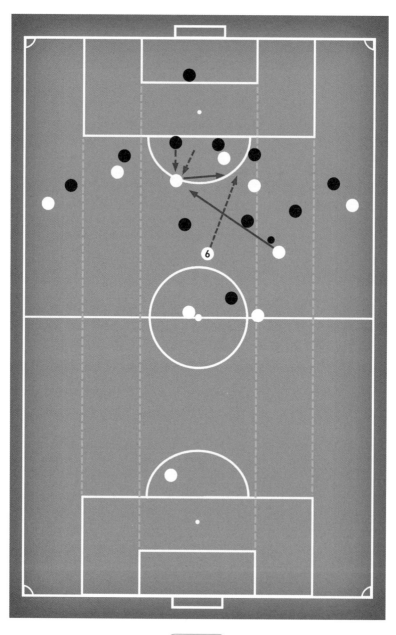

그림 16

리버풀의 6번 선수는 수비 능력도 물론 중요하지만, 공격 시에도 임팩트를 보여줄 수 있어야 한다. 앞서 리버풀의 6번은 한 박자 늦은 전진으로 상대 수비 조직에 혼란을 주고 수적 우위를 점한다고 설명한 바 있다.

그림 16은 그 사례를 보여준다. 오른쪽 하프 스페이스에서 헨더슨이 공을 잡고 빌드업을 시작한다. 최전방의 피르미누가 공을 받기 위해 움직이는 것부터가 이 공격 움직임의 열쇠가 된다. 이번에는 상대 중앙 수비수 중 하나가 '10번'이 있어야 할 위치까지 피르미누를 따라오고, 이로써 리버풀은 그 수비수가 비워둔 공간에서 수적 우위를 점할 기회가 생긴다.

패스가 피르미누에게로 향하는 순간 마네는 왼쪽 하프 스페이스에, 살라흐는 중앙에 위치하고 있다. 이는 상대 수비수가 피르미누를 따라 나온 공간을 공략하기 좋은 위치 선정이다. 거기에 6번 자리에 있던 파비뉴까지 수직 방향으로 전진해 위협을 배가시킨다.

피르미누가 공을 잡는 순간 파비뉴는 완벽한 타이밍에 전진하고, 그 움직임에 맞춰 패스가 연결된다. 그동안 상대 수비수들은 위협적인 공격수인 마네와 살라흐를 내버려둘 수 없어 쉽사리 공간을 커버하지 못한다. 그렇게 리버풀은 상대 수비 블록 한가운데서 수적 우위를 점하게 된다.

파비뉴는 전진하며 패스를 받아 상대 수비진을 뚫고 그대로 들어가서 득점 기회를 맞이한다.

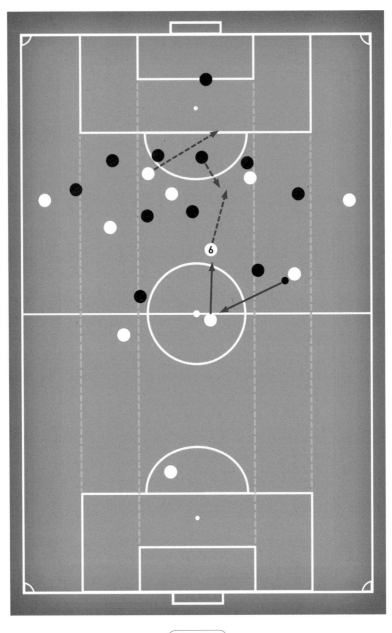

그림 17

리버풀의 시스템에서 6번이 최전방으로 올라가 수적 우위를 만들면 공격수들이 상대 페널티 지역 안으로 침투할 기회가 만들어진다. 또한 이는 상대 수비진을 뒤로 물러나게 해서 공의 전진을 돕는 효과도 생긴다. 그림 17은 리버풀이 촘촘한 수비를 펼치는 4-5-1 포메이션의 상대를 무너뜨리려고 하는 장면이다.

리버풀처럼 점유율이 높고 한 명의 최전방 공격수만을 배치하는 팀을 압박할 때는 후방에 있던 선수들이 압박을 위해 점차 올라오게 되는 문제가 발생하곤 한다. 그러한 사례를 그림 17에서 분명하게 볼 수 있다.

공은 라이트백인 알렉산더-아놀드가 갖고 있다. 상대 공격수는 리버풀의 왼쪽 중앙 수비수 쪽으로 붙어 있기 때문에, 공을 가진 선수를 압박하기 위해서 상대는 미드필더 한 명이 올라오게 된다. 이때 오른쪽 중앙 수비수인 마티프에게 백패스가 이뤄지면, 알렉산더-아놀드를 압박하던 상대 미드필더는 아주 나쁜 위치 선정을 하게 되는 셈이다.

마티프는 방해 없이 파비뉴에게 패스할 수 있게 되고, 6번 위치의 파비뉴는 패스를 받아 원래 위치에서 벗어난 상대 미드필더가 비워둔 공간을 공략한다. 이는 2019/20 시즌 들어 시스템을 새로이 정비한 리버풀의 핵심 움직임이었다. 6번은 혼전 속에서도 균형을 잡고 있다가 기회가 생길 때는 상대 수비 라인을 돌파할 수도 있어야 한다.

이 사례에서도 볼 수 있듯이 파비뉴는 상대 미드필드 라인이 압박에 신경을 쓰다가 무너진 것을 보고 그 공간으로 전진해서 상대 수비수 중 한 명을 이끌어낸다.

상대 수비가 파비뉴를 막기 위해 나오면 이번에는 수비 블록에 틈이 생기고, 마네가 밑으로 내려온 사이에 피르미누가 대각선 방향으로 전진해 그

틈을 공략한다.

이러한 방식은 수비 지역으로 깊숙히 물러나서 블록을 형성한 상대의 수비 라인을 무너뜨리는 데 핵심이 되었고, 리버풀 선수들은 이를 수행하려는 능력과 투지를 보여줬다. 이 사례에서도 상대 수비를 두 번이나 끌어내는 모습을 볼 수 있었는데, 그렇게 리버풀은 페널티 지역 주위에서 침투를 통해 득점 기회를 만들었다.

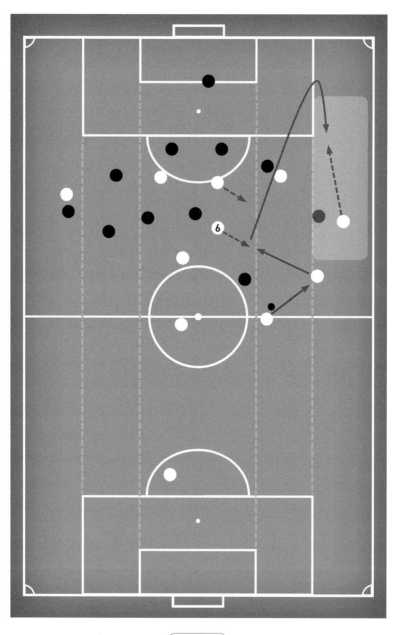

그림 18

6번은 공간을 장악하면서, 깊게 내려선 수비 블록을 상대로 득점 기회를 만들기 위해 공격에 가담할 수도 있어야 한다. 그에 더해서 공의 전진을 돕기 위해 동료들과 연계 플레이를 펼치며 패스 각도를 만드는 데도 핵심 역할을 한다.

그림 18은 헨더슨이 6번 역할을 수행하고 있는 장면이다. 공은 라이트백인 고메스가 잡고 있는데, 그의 패스는 알렉산더-아놀드보다는 덜 위협적이다.

보통 피르미누가 밑으로 내려와 패스의 선택지를 만들어주지만, 고메스는 상대 라인을 뚫는 패스를 하는 선수가 아니다. 이때 6번인 헨더슨이 공을 향해 움직이면서 패스할 거리를 짧게 만들어준다.

이 움직임 덕분에 고메스는 대각선 패스를 헨더슨에게 쉽게 줄 수 있었고, 헨더슨은 프로그레시브 패스를 상대 미드필드 라인 머리 너머로 오른쪽 미드필더인 옥슬레이드-체임벌린에게 연결한다.

이때 반대쪽에 있는 중앙 미드필더인 베이날둠은 6번과 같은 선상에 자리하고 있다는 점도 흥미롭다. 그는 창의적이기보다는 실용적으로 움직이면서 리버풀이 공격 작업을 할 수 있도록 단단한 기반을 만든다.

Chapter 4
플레이메이커를 만드는 압박

2015년, 클로프 감독은 리버풀과 계약하고 잉글랜드 무대로 오면서 프리미어리그 팬들에게 많은 기대를 받았다. 보루시아 도르트문트에서 물러날 때 상당히 부진하긴 했어도 여전히 축구계에서 가장 능력이 뛰어나고 호감 가는 감독 중 하나였기 때문이다.

클로프를 향한 기대는 특유의 게겐프레싱 스타일을 잉글랜드 축구에 어떻게 접목시킬까 하는 것이 핵심이었다. 부임 초기에는 게겐프레싱을 구사하려는 모습을 보여주기도 했지만, 클로프의 전술적인 적응력은 많은 이들의 예상을 뛰어넘었다.

그렇다고 클로프가 공격적인 압박 스타일을 선호하지 않게 됐다는 이야기는 아니다. 잉글랜드 무대에서 요구하는 전술뿐만 아니라 리버풀 선수들의 장점까지 반영해서 경기 모델을 수정한 것뿐이다.

클로프 체제에서 리버풀의 압박이 어떤 방식으로 발전했는지를 살펴보기에 앞서 2019/20 시즌을 분석해보고, 우선은 게겐프레싱의 의미부터 정확히 이해할 필요가 있다.

클로프가 보루시아 도르트문트를 지휘할 당시 선수단은 다양한 무대에서 영리하게 영입해온 젊은 선수들로 가득했다. 도르트문트의 공격에서 가장 중요한 콘셉트는 수비에서 공격으로 빠르게 전환해 수직 방향 패스로 속공을 노리는 것이었다. 이는 낮은 수비 블록을 형성해서 상대가 전진하도록 유도한 뒤, 상대가 남겨둔 뒷공간을 공략하는 역습 형태였다. 이러한 콘셉트에 점차 공격적인 압박이 더해졌다. 클로프는 도르트문트가 파이널 서드에서 공을 빼앗겼을 때 특히 더 공격적인 압박을 가해서 최대한 빠르게 공을 되찾도록 지시했다.

이는 과르디올라 감독이 지휘하던 바르셀로나가 공을 빼앗겼을 때 시도하는 압박과 유사하다. 한 가지 중요한 차이점은, 바르셀로나는 한두 명의 선수만 공을 가진 상대를 압박하고 나머지는 물러나서 촘촘한 수비 블록을 형성하는 반면에 클로프의 도르트문트는 공 주변으로 순식간에 여러 선수가 달려들어 압박을 가한다는 것이다. 무려 네 명의 선수까지 동시에 압박을 가하는 장면을 심심찮게 볼 수 있었다.

이러한 스타일의 압박을 구사하는 이유는 간단하다. 클로프는 상대가 수비에서 공격으로 전환하려 할 때 높은 지점에서 공을 다시 빼앗게 되면 그만큼 좋은 득점 기회를 만들 수 있다고 믿었던 것이다.

이때부터 클로프는 압박을 가하는 선수야말로 팀의 플레이메이커와 비슷하다는 언급을 하기 시작했다. 그는 경기 후 기자회견에서 게겐프레싱의 효과에 대해 "10번 역할(플레이메이커)을 맡은 선수가 천재적인 패스를 할 수 있기까지 얼마나 많은 패스가 필요한지를 생각해보라. 게겐프레싱은 상대 골문 근처에서 공을 빼앗도록 해준다. 거기서부터는 한 번의 패스로 절호의 득점 기회가 만들어진다. 게겐프레싱 상황에서만큼 좋은 플레이메이커를 만들 수는 없다. 그래서 게겐프레싱이 중요한 것"이라고 설명했다.

클로프는 잉글랜드 무대에 '게겐프레싱의 창시자'로 알려졌고, 이것이 영어로 '카운터 압박'으로 번역됐다. 카운터 압박의 주요 목표는 역습(카운터-어택)을 하려는 상대를 압박해 전진하지 못하도록 하는 것이다. 그런데 과연 리버풀은 클로프의 재임 기간 내내 카운터 압박을 구사해왔을까?

그림 19의 도표는 그 질문에 대한 해답을 알려준다. PPDA(Passes Per Defensive Action)라는 지표를 통해 클로프의 재임 기간 동안 매 시즌 리버풀의 압박 강도를 볼 수 있다. PPDA는 수비 행위당 허용한 패스를 나타내는 것으로, 이 지표가 낮을수록 더 공격적인 압박을 가했다는 뜻이다.

클로프 부임 첫 시즌의 평균 PPDA는 브렌던 로저스(Brendan Rodgers) 감독이 지휘한 경기들까지 포함하고 있는데도 7.61로 가장 낮았다. 이후 이 기록은 매 시즌 증가해 2018/19 시즌에는 10.08을 기록했다. 그런데 2019/20 시즌 들어서는 흥미롭게도 9.1로 낮아졌다.

비록 매 시즌 PPDA가 증가하긴 했지만, 리그 평균보다는 항상 낮았다는 점이 중요하다. 2019/20 시즌에 PPDA가 다시 낮아졌다는 건 압박이 더욱 공격적으로 변했다는 뜻이다. 보루시아 도르트문트 시절과 비슷한 압박 스타일로 출발했다가 지금의 모습으로 계속해서 변모해온 것이다.

전방 압박을 해야 할 타이밍이 되면 리버풀의 세 공격수들은 굉장히 공격적으로 공을 가진 상대에게 달려든다. 도르트문트의 압박은 늘 격렬하지만 전술적인 면에서 지능적이지 않았다면, 리버풀의 압박은 지능적이면서도 여전히 격렬하다는 점을 주목해야 한다. 상대의 빌드업 1선에 한 선수가 압박을 가하기 시작하면, 또 한 명의 선수는 측면으로 패스가 갈 수 있는 길목을 막으면서 움직인다. 그 다음부터는 대인 방어를 통해 상대가 쉽게 압박

Changes in PPDA of Liverpool from 2015/16 to 2019/20

Club	Season	PPDA	League average
Liverpool	2015/16	7.610	9.610
	2016/17	8.200	10.770
	2017/18	9.510	11.660
	2018/19	10.080	11.870
	2019/20	9.100	11.670

그림 19

을 벗어나지 못하도록 한다.

그러나 전방 압박만이 리버풀의 유일한 압박 콘셉트는 아니다. 높은 지점에서부터 압박을 가하고 패스 길을 차단하는 능력도 있지만, 물러나서 압박의 덫을 놓고 상대가 실수하도록 유도하기도 한다는 점이 리버풀 수비의 천재적인 부분이다.

2019/20 시즌 들어서 압박에서 가장 달라진 부분은 공격수들의 압박이 전보다는 소극적이라는 것이다. 여전히 측면 공격수들은 상대 풀백들이 패스를 받지 못하도록 길목을 차단하고, 스트라이커는 상대 골키퍼나 중앙 수비수를 압박하는 방식을 사용한다. 하지만 상대가 상대 미드필드 라인까지 올라오기 전에는 압박이 시작되지 않는다. 공이 미드필드 라인까지 오게 되면 리버풀의 미드필더들이 공을 가진 상대에게 달려들어 압박을 시작하고,

세 명의 공격수들은 뒤에서부터 압박에 가담한다. 이렇게 되면 공을 가진 상대는 앞뒤에서 압박에 시달리게 되어 쉽게 벗어나지 못한다. 만약 미드필더들만 앞에서 압박을 가하면 상대는 쉽게 돌아서서 수비진에 있는 동료에게 백패스를 해 공격의 각도를 바꿀 수 있을 것이다. 하지만 공격수가 공 뒤쪽에서 함께 압박을 가하기 때문에 안전한 백패스 옵션은 사라진다. 모든 형태의 압박은 상대의 실수를 유도하려는 게 목적이다. 상대로부터 단번에 공을 빼앗지 못한다면 패스를 서두르게 해서 이를 가로채 공격으로 전환할 수 있어야 한다.

리버풀이 보여주는 또 하나의 카운터 압박 형태는 파이널 서드 지역에서 나타난다. 리버풀은 공 주위의 좁은 지역에 많은 선수가 위치하는 공격 형태를 취하는데, 이는 공격 시에 상대 수비 블록보다 수적 우위를 가져오기도 하지만 수비 시에도 위치 선정에 도움이 된다. 수비수들까지 전진해서 촘촘한 공격 유닛을 구성하고 있어 공을 빼앗겼을 때 카운터 압박을 가할 수 있는 최적의 위치 선정을 이미 하고 있는 셈이다. 만약 공을 다시 빼앗게 되면 그 즉시 공격 형태로 바뀌면서, 수비로 전환하려는 상대 수비보다 수적 우위를 점하게 된다. 관련 사례와 함께 리버풀의 압박 스타일에 대해 좀 더 자세히 살펴보겠다.

KING KLOPP

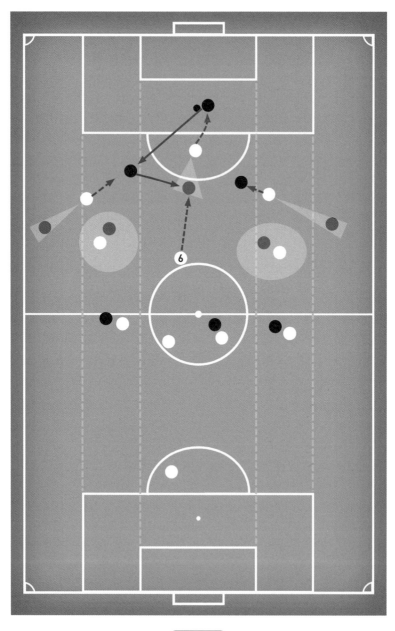

그림 20

플레이메이커를 만드는 압박

그림 20에서 2019/20 시즌 리버풀이 보여줬던 전형적인 압박 형태를 확인할 수 있다. 상대 골키퍼가 공을 갖고 있고, 스트라이커인 피르미누가 홀로 압박을 시작한다. 두 측면 공격수들은 상대 중앙 수비수와 풀백들 사이에 자리를 잡고 있다가, 공이 중앙 수비수에게 연결되면 거리를 유지한 채 풀백에게 패스할 수 없도록 길목을 차단한다.

물론, 압박 형태는 상대 팀에 따라 달라진다. 판데이크처럼 공을 다루는 기술이 위협적인 중앙 수비수도 있지만, 적극적으로 전진하지 않는 중앙 수비수도 있기 때문이다. 만약 상대 중앙 수비수가 판데이크 같은 선수라면 압박하지 않고 거리를 두는 것이 더 나은 전략일 수 있다.

이 예시에서 상대 팀은 중앙 수비수가 직접 올라오지 않고 미드필드의 가장 아래 축이 되는 선수가 밑으로 내려와서 빌드업을 시작한다. 이러한 움직임은 리버풀의 전방 압박을 우회해서 더 전진할 수 있는 기반을 마련하려는 것이다. 하지만 이것은 리버풀이 압박 타이밍을 잡기 위한 함정이었다. 상대 미드필더가 패스를 받을 때는 자신의 골문을 바라보는 자세가 되기 때문이다. 바로 그때 자유롭게 있던 리버풀의 6번이 전진해서 압박을 가하고, 피르미누도 위쪽에서 다시 돌아서서 압박에 가담한다. 리버풀의 측면 공격수들은 여전히 측면으로 보낼 패스 길목을 막고 있기 때문에 상대 미드필더는 안전하게 압박에서 벗어나기가 굉장히 어려워진다.

리버풀은 상대가 중앙 지역의 수비 2선까지는 올라오도록 놓아두는 것을 선호한다. 중앙에서는 상대의 전진을 편안하게 막을 수 있는 전술적인 이해도와 지능적인 움직임을 보여준다.

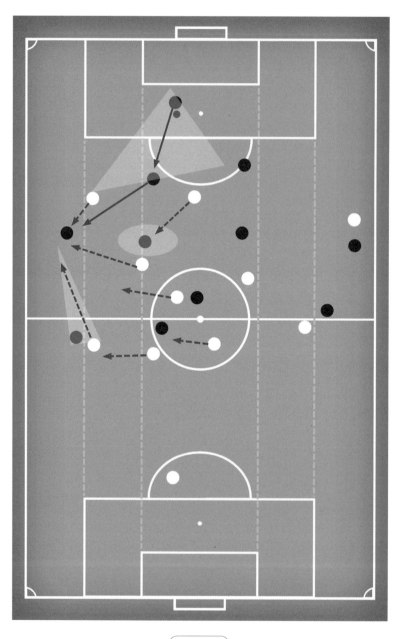

그림 21

플레이메이커를 만드는 압박

상대가 측면을 통해 수비 2선까지 전진했을 때는 리버풀의 압박 형태가 달라져 가능한 모든 패스 선택지를 차단하려는 듯한 압박이 가해진다.

그림 21은 상대가 라이트백을 활용해 측면 지역에서 전진한 모습이다. 이 장면을 분석하기 전에, 아무리 뛰어난 압박이라도 뚫릴 수가 있다는 점을 기억하자. 이 책에서는 리버풀이 꾸준하게 보여줬던 압박의 콘셉트와 경향을 다룰 뿐이다.

이번에는 리버풀의 첫 압박이 뚫려서 상대가 측면으로 공을 전개한 상황이다. 이는 리버풀이 원치 않는 상황이라고 앞서 언급한 바 있다. 그러나 공이 이 위치로 향하게 되면 리버풀은 더욱 뚫기 어려운 압박 형태를 가동한다. 상대 라이트백이 공을 잡자마자 마네, 로버트슨, 베이날뒴까지 세 명의 리버풀 선수들은 각기 다른 각도에서 압박을 가한다. 공을 가진 상대는 극도의 압박에 시달림과 동시에, 측면 터치라인 때문에 움직임과 패스 범위가 제한된다. 로버트슨 때문에 전방으로 패스를 하기도 어렵고, 마네 때문에 백패스를 하기도 어려우며, 베이날뒴 때문에 중앙으로 패스하기도 어렵다. 또한 리버풀의 수비 블록 전체가 공이 있는 쪽으로 움직인 상태이기 때문에 중앙으로의 패스는 더욱 어렵다고 할 수 있다.

결국, 압박에서 벗어나기 어려웠던 상대 선수는 그대로 공을 빼앗기거나 좋지 않은 패스를 시도해 리버풀에게 공을 넘겨주게 된다.

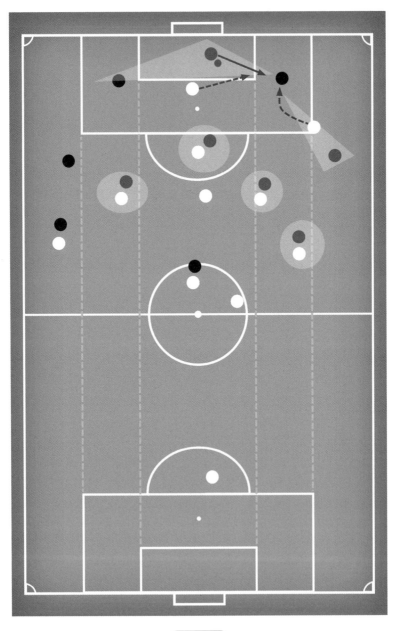

그림 22

리버풀이 최전방에서부터 공격적인 압박으로 상대의 실수를 유도하려는 경우도 있다. 그림 22를 보면, 상대는 두 명의 중앙 수비수 모두가 페널티 지역 안으로까지 내려와서 골키퍼의 패스를 받아 빌드업을 시작하려고 한다.

가장 먼저 압박을 가하는 건 오른쪽 윙어인 살라흐와 중앙 공격수인 피르미누다. 이때 핵심은 피르미누가 곡선 형태로 움직여서 골키퍼와 중앙 수비수 사이를 차단하는 것이다. 이런 디테일한 움직임이 압박에서는 중요한 요소다. 그렇게 해야 상대 수비수가 골키퍼에게로 백패스를 하거나 반대쪽으로 패스를 보낼 수가 없기 때문이다.

상대에게는 네 가지 패스 선택지가 있는데, 이 선택지마다 리버풀 선수들이 가까이 붙어서 대인 방어를 펼치고 있다.

다시 말하지만 리버풀의 압박에는 두 가지 목적이 있다. 하나는 높은 지점에서 공을 빼앗는 것, 다른 하나는 상대를 서두르게 만들어서 공을 넘겨주도록 하는 것이다.

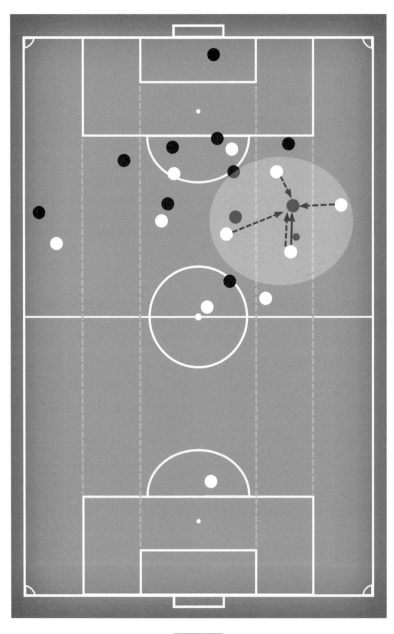

그림 23

이번 장에서 카운터 압박을 다루면서, 리버풀이 촘촘한 형태를 유지하는 것이 공격과 수비 모두에 효과적이라고 설명한 바 있다.

그림 23은 알렉산더-아놀드가 하프 스페이스에서 수직 방향으로 패스를 시도했다가 공을 빼앗긴 장면이다. 상대가 패스를 미리 읽고 공을 가로채 공격으로 전환하려 하고 있다. 이때 핵심은 리버풀에서 네 명의 선수가 즉시 카운터 압박을 가하는 것이다. 리버풀이 파이널 서드에 진입하려던 순간이라 중앙 수비수들까지 센터 서클 주위로 올라와 있던 상황이다. 그 덕분에 미드필더들은 더 전진해서 공간을 좁히며 공을 가진 상대를 압박할 수 있었고, 카운터 압박으로 공을 빼앗고 나면 그대로 공격에서 수적 우위를 점하게 된다.

Chapter 5
실용적인 미드필드

파이널 서드까지 공을 전진시켜 상대 페널티 지역을 위협하는 것은 축구의 핵심이다. 점유율과 패스 숫자를 압도하더라도 공이 전진하지 못하고 측면이나 뒤로만 간다면, 아무 의미가 없기 때문이다. 최고의 팀이라면 선수단 구성에 맞게 공을 전진시킬 방법을 갖고 있어야 한다. 예를 들어 맨체스터 시티는 중앙 미드필더인 다비드 실바(David Silva)와 케빈 더브라위너가 하프 스페이스에서 전진해 공을 운반한 뒤 파이널 서드에서 동료 공격수들에게 득점 기회를 만들어준다. 보루시아 도르트문트는 또 다르다. 중앙 수비수가 측면 공격수에게 수직 방향 패스를 연결하고, 측면 공격수들은 하프 스페이스로 들어와서 패스를 받는다. 이처럼 파이널 서드로 공을 전진시키는 방법은 다양하다. 어떤 방법이든지 확실한 전략을 세워두고 점유율을 활용하는 게 가장 중요하다. 2019/20 시즌 들어 리버풀이 공을 전진시키는 방법은 분명하게 달라졌다.

라이트백인 알렉산더-아놀드를 안쪽으로 움직이도록 하면서 중앙 지역을 더 확실히 지배할 수 있게 됐고, 그는 더 적극적으로 공의 전진에 관여했다. 반대쪽에서는 로버트슨이 수직 방향으로 전진해서 빠른 패스 연계를 통해 마네가 하프 스페이스로 움직이며 비워둔 위쪽 측면 공간에서 공을 받았다. 이를 보면 공의 전진에서 하프 스페이스가 얼마나 중요한지를 다시금 확인할 수 있다. 리버풀은 풀백들을 적극 활용해 공의 전진을 담당하게 했고, 공격진에서는 활발하게 움직이며 패스를 받았다. 그렇다면 미드필더들은 어떠한 역할을 하는 걸까?

공격수들이 약속된 대로 움직이면서 패스를 받는 가운데, 미드필더들은 뒤쪽 공간을 맡고 있다. 그렇다고 리버풀 시스템에서 미드필더가 중요하지 않은 건 아니다. 세 명의 미드필더가 자신의 역할을 해내지 못했다면 리버풀은 챔피언스리그와 프리미어리그에서 성공을 거두지 못했을 것이다.

가시적인 활약이 부족해 보이는 미드필더들의 중요성을 분석하기에 앞서, 그 역할을 맡았던 선수들에 대해 알아보자.

그림 24는 2019/20 시즌 중앙 미드필더 역할을 맡은 선수들의 출전 시간을 나타낸 것이다. 가장 많은 선수부터 차례대로 나열했다.

이 도표에는 여러 의미가 있지만, 우선은 세 명의 선수가 가장 꾸준하게 출전한 것을 확인할 수 있다. 베이날덤의 출전 시간이 2,459분으로 가장 많고, 헨더슨이 2,000분, 파비뉴가 1,565분으로 그 뒤를 잇는다. 이 세 선수는 2019/20 시즌 내내 리버풀 중원의 버팀목 역할을 했다. 여기서 세 선수의 나이를 주목해보자. 베이날덤과 헨더슨은 29세로 전성기의 막바지라고 할 수 있고, 파비뉴는 26세로 한창 전성기를 누리고 있다. 리버풀은 전성기에 막 돌입하는 선수들을 영입하는 기조를 유지하고 있기 때문에 2020/21 시즌 들어서는 계약 기간을 1년 남겨둔 베이날덤이나 헨더슨의 출전 시간이 자연스럽게 줄어들었다.

Team	Player	Age	Minutes played
Liverpool	G. Wijnaldum	29	2,459
	J. Henderson	29	2,000
	Fabinho	26	1,565
	A. Oxlade-Chamberlain	26	1,174
	J. Milner	34	847
	A. Lallana	32	439
	N. Keïta	25	401
	C. Jones	19	24

Liverpool central midfielders 2019/20

그림 24

이 선수들의 대체자는 이미 준비되어 있다. 26세의 옥슬레이드-체임벌린이 1,174분을, 역시 26세의 나비 케이타(Naby Keïta)가 401분을 소화했다. 두 선수는 부상 문제로 꾸준하게 출전하지 못했지만, 코치진으로부터는 여전히 높은 평가를 받고 있다. 앞으로는 선수 변화에 따라 미드필드 구성도 바뀔 가능성이 존재한다.

앞 장에서 6번 선수의 중요성에 대해 다뤘는데, 다른 두 명의 주전 미드필더들 또한 상당히 중요한 역할을 맡고 있다. 그런데 헨더슨과 베이날뒴은 전혀 다른 특징을 가진 선수들이고, 그 특징이 경기에서 그대로 드러난다.

베이날뒴은 적극적인 수비를 펼치는 선수지만, 그 영향력이 기록에는 완전히 반영되지 않는 편이다. 이는 그가 빠르게 움직여 패스 길목을 차단하는 방식의 수비를 펼치기 때문이다. 그러한 움직임으로 상대 공격 템포를 늦춰 공격에 가담했던 동료들이 수비 위치로 돌아올 시간을 벌어준다.

공격 시 득점 기회에 직접 관여하지는 않지만, 6번 미드필더의 역할이 중요한 만큼 그 왼쪽에 서서 같은 선상에서 움직이는 베이날둠의 역할도 똑같이 중요하다. 비록 전진 패스를 많이 하지는 않더라도 공을 돌리면서 공격의 각도를 빠르고 효율적으로 바꾸는 선수가 바로 베이날둠이다.

헨더슨의 역할은 베이날둠과 전혀 다른데, 이는 움직임의 패턴만 봐도 알 수 있다.

알렉산더-아놀드가 안쪽으로 움직여 하프 스페이스에 자리하는 동안, 헨더슨은 오른쪽으로 움직여 측면 공격을 담당한다. 그러다가 중앙 지역으로 움직여 수적 우위를 점해 상대 수비를 혼란에 빠트리는 것이 바로 리버풀의 중앙 공격 콘셉트다. 헨더슨은 2011년 리버풀에 입단한 직후에는 주로 박스 투 박스 미드필더로 활약하며 공수 모두에서 활발한 움직임을 보여줬다. 그러다가 6번 역할을 맡아 리버풀과 잉글랜드 대표팀 모두에서 활약했지만, 그 포지션에서는 헨더슨의 장점에 제약이 생길 수밖에 없었다. 물론 패스가 뛰어나기도 하지만, 헨더슨은 빠르게 전진해서 상대의 수비 균형을 무너뜨리고 동료가 침투할 공간을 만드는 선수이기 때문이다. 2019/20 시즌 내내 헨더슨은 한 박자 늦게 페널티 지역으로 달려가 침투 패스를 받을 수 있는 선택지를 만들어줬다. 이는 오른쪽 측면에서나 중앙에서나 마찬가지였다.

수비 시에는 헨더슨의 활발한 움직임이 더 잘 드러난다. 베이날둠이 수동적이지만 실용적으로 움직인다면, 헨더슨의 압박 움직임은 그와 정반대라고 할 수 있다. 그는 공수 전환 시에 적극적으로 압박을 가하고, 상대와 공의 소유권을 다투는 상황에서 리버풀이 경기를 지배할 수 있도록 해준다.

베이날뒴과 헨더슨을 옥슬레이드-체임벌린과 케이타로 대체하게 된다면 리버풀은 중원의 역할 자체에 변화를 줘야 할 것이다. 옥슬레이드-체임벌린과 케이타는 모두 공을 갖고 전진하는 데 뛰어나고, 수비 시에는 빠르게 공을 되찾기 위해 적극적으로 압박을 가하는 선수들이다. 이는 결코 단점이라고 할 수 없지만, 지금처럼 다소 수동적이고 실용적인 미드필드와는 거리가 있다.

리버풀은 실용적인 미드필드 구성으로 2018/19 시즌에 나타났던 문제를 보완해왔다. 당시 챔피언스리그 우승을 차지하기는 했으나, 프리미어리그 우승을 놓쳤기 때문에 약간의 실망감이 남아 있는 건 어쩔 수 없다.

공격에서는 압도적인 모습을 보였던 리버풀이지만, 수비에서는 분명히 문제가 있었다. 공수 균형이 맞질 않았던 것이다. 공격을 하는 과정에서 두 풀백 모두 높은 위치까지 올라가고, 두 명의 중앙 미드필더들까지도 공격을 지원하기 위해 올라갔다가 공격이 끊기게 되면 상대는 리버풀 수비 지역을 향해 빠르게 역습을 전개할 수 있었다. 리버풀은 이러한 수비 문제를 보완하고자 미드필더들의 역할과 책임을 조정했던 것이다.

KING KLOPP

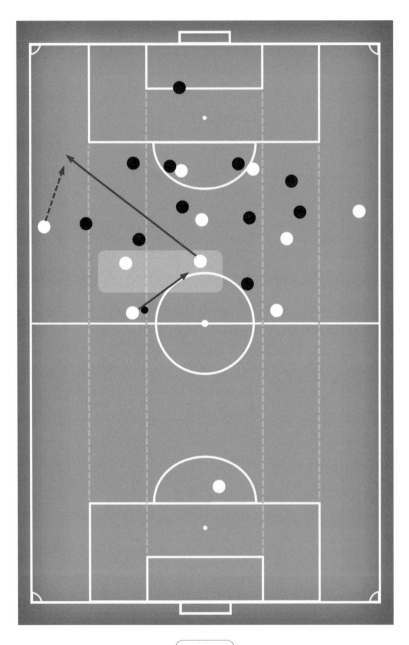

그림 25

리버풀 주전 미드필더들이 각기 다른 움직임으로 위치 선정을 하는 모습은 무척 흥미롭다.

경기 도중 어떻게 서로 상호작용을 하는지를 그림 25를 통해 볼 수 있다. 베이날뒴과 파비뉴는 동일 선상에 서 있지만, 헨더슨은 늘 그렇듯 오른쪽 측면으로 빠져 있다.

공의 경로는 단순하다. 판데이크가 파비뉴에게 패스를 해주고, 파비뉴는 이를 받아 왼쪽 측면에서 전진하는 로버트슨에게 이어준다.

이 시스템에서의 공수 균형은 실로 흥미롭다. 헨더슨이 측면으로 빠져 있기는 하지만, 풀백인 알렉산더-아놀드가 하프 스페이스로 들어와 파비뉴, 베이날뒴과 함께 균형을 이루고 있다. 여기서 양쪽 측면과 양쪽 하프 스페이스에 한 명씩 자리해서 공간을 장악하는 것이 핵심이다. 나머지 선수들은 상대 수비 블록보다 수적 우위를 점할 수 있는 기회가 생기면 그에 맞춰서 움직이고 골문을 향해 침투한다.

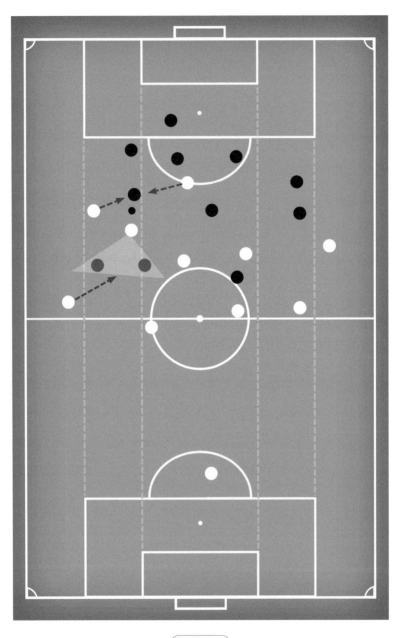

그림 26

그림 26은 베이날둠이 수비 시에 상대 공격을 지연시키면서 동료들의 압박을 돕는 모습이다. 상대 선수가 공을 잡았을 때 가장 가까이 있던 리버풀 선수가 베이날둠인데, 이때 압박의 타이밍이 중요하다. 만약 베이날둠이 너무 성급하게 달려들면 상대는 그의 뒷공간으로 빠르게 패스를 이어줄 수도 있기 때문이다.

이때 베이날둠은 곧바로 달려드는 대신에 자신의 뒤쪽으로 패스가 이어지지 못하도록 길목을 차단한다. 이 위치 선정 덕분에 상대의 패스 전개는 지연되고, 리버풀 동료 두 명이 양쪽에서 달려들어 공을 가진 상대를 압박해 상대 진영에서 공을 빼앗는다.

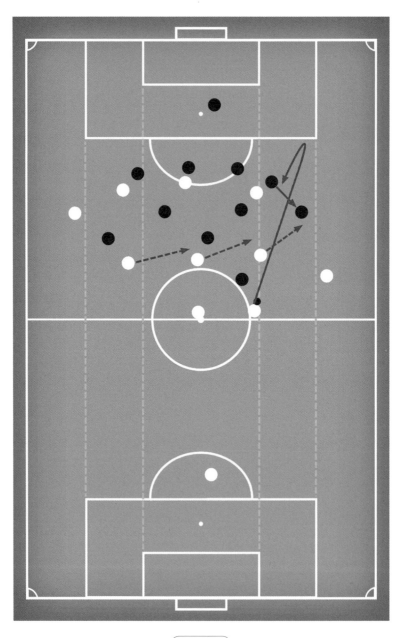

그림 27

그림 27은 리버풀이 공을 빼앗겼을 때 미드필드 유닛이 공격에서 수비로 전환하는 순간을 보여주는 장면이다.

살라흐를 향해 전진 패스를 시도했지만, 상대가 공을 가로채서 역습을 시도한다. 이때 리버풀의 미드필드 블록 전체가 옆으로 이동해서 공이 있는 쪽의 공간을 차단한다. 핵심은 상대가 공을 빠르게 전진시키지 못하도록 미드필더들이 블록을 만들어 지연시키는 것이다.

이러한 움직임은 리버풀의 패스 구조에서도 중요한 역할을 한다. 리버풀의 미드필더들이 적극적으로 압박에 임하지 않는 것처럼 보이더라도, 상대의 전진 패스를 지연시켜서 동료들이 전방에서부터 압박을 할 수 있도록 하는 것이다.

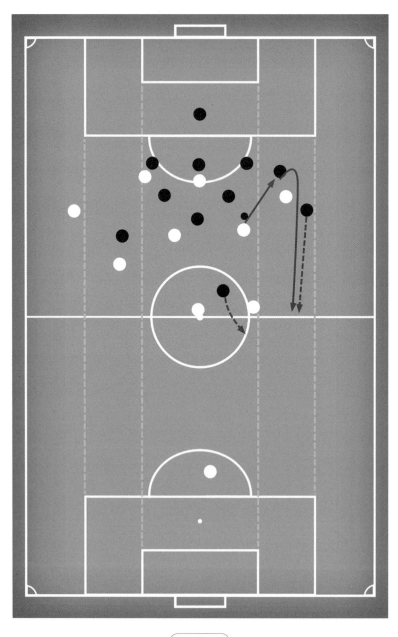

그림 28

이번 장의 마지막 예시인 그림 28은 지속적인 수비 상황에서 실용적인 미드필드의 중요성을 보여준다. 리버풀의 수비 시 최우선 목표는 물론 압박해서 공을 되찾고 득점 기회를 만드는 것이지만, 상대가 오랜 기간 공을 갖고 있을 때도 있기 마련이다.

그런 상황에서 리버풀은 자기 페널티 지역으로 공이 들어오는 것을 막기 위해 더 촘촘한 수비 블록을 형성한다. 세 명의 미드필더는 적극적으로 두 명의 중앙 수비수를 보호하기 위해 움직인다. 왼쪽 측면에서는 마네가 수비에 가담하지만, 피르미누와 살라흐는 공격 전환 시 패스를 받을 수 있도록 더 높은 지역에 머무른다.

베이날둠과 파비뉴 같은 미드필더들은 안정적인 위치 선정으로 수비진을 보호하는 반면, 헨더슨은 더 적극적으로 공을 향해 달려들어 압박을 가한다.

Chapter 6
9번의 역할

앞서 우리는 실용적인 미드필더의 역할에 대해 다뤘다. 그 실용성 덕분에 창의력을 갖춘 리버풀 선수가 활약을 펼칠 수 있는 것이다. 또한, 우리는 6번 피보테 역할을 하는 미드필더에 대해서도 다뤘는데, 6번의 위치 선정은 팀 전체에 기준점이 되기 때문에 중요하다는 것을 알 수 있었다. 이번 장에서는 두 번째 기준점이 되어 공격진의 로테이션 움직임을 가능하게 해주는 선수, 피르미누가 맡고 있는 9번 역할에 대해 다뤄보겠다.

4-3-3 포메이션에서 전통적인 9번(최전방 공격수) 선수에게 일반적으로 부여되는 역할과 피르미누의 역할은 다르다. 피르미누가 뛰지 않을 때는 리버풀 팀 전체의 포지션이 완전히 달라져버린다. 2019/20 시즌 도중에는 마네나 디보크 오리기(Divock Origi)가 최전방 공격수 역할을 맡을 때도 있었다.

마네의 경우 왼쪽 측면에 있다가 중앙으로 움직일 때와 처음부터 9번 역할로 뛸 때는 전혀 다른 모습이다. 그는 원래 수비 뒷공간을 호시탐탐 노리다가 폭발적인 속도로 빠르게 치고 들어가며 침투 패스를 받아 골을 터트리는 선수다. 측면에서 안쪽으로 움직이며 상대 수비진 사이의 공간을 공략하는 데 있어서는 가장 위협적인 공격수 중 하나라고 할 수 있다. 그러나 마네가 9번 위치에 서 있을 때는 주위에서 상대 수비를 끌어내 공간을 만들어주는 선수가 없기 때문에 그가 파고들 공간도 찾기가 어려워진다.

그것이 바로 피르미누의 역할이다. 2015년 당시 리버풀이 호펜하임으로부터 그를 영입할 때는 스트라이커로 활용할지 공격형 미드필더로 활용할지가 분명하지 않았다. 피르미누는 호펜하임에서 뛸 때 보통 아래쪽에 있다가 전진해서 스트라이커와 연계 플레이를 펼치는 선수였다. 그러나 클로프 감독 밑에서는 확고히 9번 역할을 맡아 뛰어난 축구 지능을 활용하며 리버풀 공격 구성의 기반이 됐다.

마네가 중앙에서 뛸 때는 피르미누와 전혀 다른 특성을 보인다. 마네는 뒷공간으로 움직여 상대 수비를 뒤로 밀어내며 공간을 만들려고 하지만, 피르미누는 반대로 밑으로 내려와서 동료들에게 공간을 만들어준다.

리버풀의 공격에서 공간 창출은 가장 중요한 요소 중 하나다. 앞 장에서도 다뤘듯이 리버풀의 세 공격수가 서로 상호작용을 하면서 움직이는 목적이 바로 공간을 만들기 위한 것이다. 피르미누가 아래쪽으로 내려오는 것은 측면 공격수들이 안쪽으로 파고들어 중앙 지역 공간을 장악하는 데 필수적인 움직임이다.

피르미누가 그렇게 아래쪽 공간을 장악하게 되면 상대 수비 블록은 어려운 선택을 내려야 하는 상황에 놓인다. 상대 중앙 수비수의 시점에서 보면 피르미누를 따라서 올라갈지, 아니면 수비진에서 위치를 지키고 있을지를 선택해야 한다. 만약 피르미누를 따라 움직이면 자신이 비워둔 공간으로 살라흐나 마네가 파고들 수 있다. 반대로 자리를 지키고 있으면 피르미누가 편안하게 패스를 받아 돌아서서 득점 기회를 만들려고 할 것이다. 선택을 강요당하는 건 상대 중앙 미드필더도 마찬가지다. 피르미누의 움직임을 견제하며 패스를 차단하기 위해 움직여야 할지, 아니면 원래 위치를 고수하며 수비 조직을 유지해야 할지를 선택해야 하는 것이다. 어떤 선택을 내리든 어딘가에서는 리버풀에게 공간을 내줄 위험에 시달리게 된다.

피르미누는 아래쪽으로 내려와 공을 잡으면서 동료들에게 공간을 만들어주는 동시에 리버풀이 더 높은 위치에서 공격을 감행할 수 있는 기반을 만들어준다. 이는 그가 직접 공격의 템포를 조절할 수 있다는 의미다. 높은 위치에서의 공격 기반은 다양한 효과를 발휘한다. 측면 공격수들이 상대 중앙 수비수와 풀백들 사이로 파고들면, 측면 공간으로는 레프트백과 오른쪽의 헨더슨이 전진할 수 있게 된다.

이러한 움직임의 장점은 중앙뿐만 아니라 상대 미드필드와 수비진 사이의 어떤 위치에서든 공격을 시작할 수 있다는 것이다. 우리는 피르미누가 하프 스페이스로 이동하거나, 심지어 자기 진영으로까지 내려와서 라이트백에게 패스를 받아 측면으로 연계 플레이를 펼치면서 미드필더들의 전진을 돕는 모습을 흔히 볼 수 있다.

알렉산더-아놀드와 같이 상대 수비 조직을 뚫는 정확한 전진 패스 능력을 갖춘 선수도 중요하지만, 패스를 받는 선수가 상대 미드필드와 수비 사이의 공간에서 어떻게 위치 선정을 하는지도 중요하다. 반대로 피르미누가 아무리 잘 움직이더라도 그에 맞춘 패스가 오지 않는다면 그 움직임 또한 무의미해질 것이다.

독일 기업인 IMPECT에서는 이러한 상호작용을 '패킹 데이터'로 철저하게 분석했다. 이 데이터는 공의 전진에서 핵심적인 역할을 담당하는 선수를 찾아내기 위해 만들어진 것이다. 만약 알렉산더-아놀드 같은 수비수가 수직 방향 패스를 통해 상대 라인을 뚫고 공을 전진시키게 되면, 그 패스로 뚫은 상대 선수 숫자에 따라 패킹 데이터 점수가 책정된다. 이 점수는 패스를 시도한 선수뿐만 아니라 패스를 받은 선수에게도 똑같이 책정된다는 점이 영리한 부분이다. 이 데이터 덕분에 상대 수비 조직 사이 공간을 잘 찾아내고 공략하는 선수들이 누구인지, 그런 동료를 찾아내서 패스를 해주는 선수들이 누구인지를 확인할 수 있다. 피르미누가 이 데이터에서 엄청나게 높은 점수를 받은 것은 전혀 놀랍지 않은 일이다.

피르미누의 역할은 극도로 이타적이다. 대부분의 스트라이커는 페널티 지역 안으로 들어가 기회를 골로 연결하는 것을 자신의 임무로 생각하고 경기에 임한다. 그러나 리버풀에서는 측면 공격수들이 많은 골을 터트리고, 공을 파이널 서드나 페널티 지역으로 보내는 것은 풀백들의 몫이다. 따라서 스트라이커인 피르미누의 역할은 득점에 있어서는 조연에 가깝지만, 끊임없이 위협적인 기회를 만드는 면에서는 핵심적이라고 할 수 있다.

이 역할에서 피르미누가 발휘하는 기술적인 장점 중에 가장 중요한 것은 바로 좁은 공간에서 패스를 받아 상대의 압박 속에서도 소유권을 유지하는 것이다. 특히나 리버풀은 페널티 지역 주변에서 많은 움직임을 시도하는 팀이기 때문에 이러한 장점이 더욱 중요해진다.

피르미누는 상대 최종 수비 라인을 뚫고 페널티 지역으로 공을 보내기 위해서 개인기나 원터치 패스를 활용하기도 하고, 전진하는 동료를 기다렸다가 페널티 지역으로 침투하는 움직임에 맞춰 패스를 내주는 창의성으로 득점 기회를 만들기도 한다. 이제 관련 사례를 통해 그가 속한 9번의 역할을 좀 더 알아보겠다.

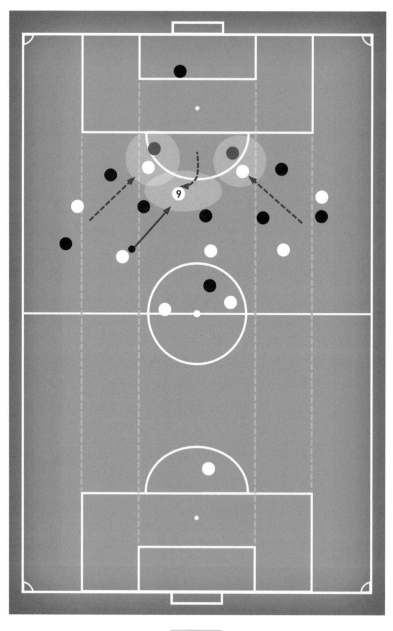

그림 29

파이널 서드 진입을 위해 피르미누가 아래로 내려오고, 측면 공격수들이 안쪽으로 파고든다는 이야기는 리버풀의 공격 방식을 절반밖에 설명하지 못한다. 피르미누의 움직임이 살라흐와 마네가 안쪽으로 파고들 공간을 만들어주기는 하지만, 중앙 지역에서 두 선수의 움직임이 또다시 피르미누에게 공간을 만들어주기도 하기 때문이다.

이러한 모습을 그림 29에서 분명하게 볼 수 있다. 피르미누가 '10번' 플레이메이커 자리로 내려오는데, 이에 따라 상대는 리버풀에게 공간을 내주지 않기 위해서 어려운 선택을 해야만 한다. 하지만 측면 공격수들의 침투가 상대 수비의 선택지를 아예 빼앗아버렸다. 상대의 두 중앙 수비수는 피르미누를 따라 올라가지 못한 채 리버풀 측면 공격수들을 한 명씩 막아야만 하는 상황에 놓였고, 그 덕분에 피르미누는 페널티 지역 근처에서 자유롭게 패스를 받아 위협적인 공격을 펼칠 수 있게 됐다.

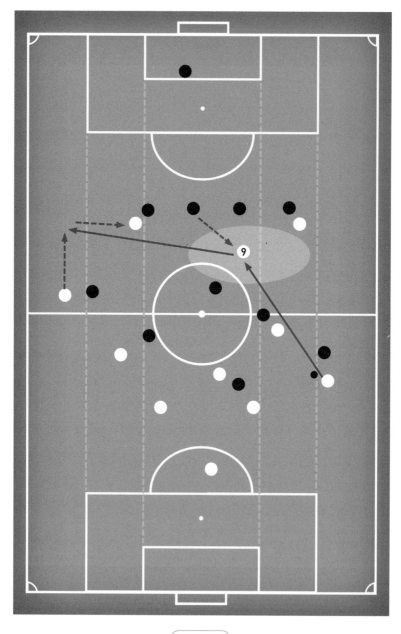

그림 30

그림 30은 조금 다른 상황이지만, 이번에도 피르미누가 9번 역할로서 공에 가까운 쪽에서 아래로 내려와 있다. 상대 수비를 끌고 나와서 공간을 만들려던 움직임이다. 그런데 수비가 따라오지 않고 자신의 위치를 지키고 있자, 피르미누는 공간에서 자유롭게 공을 갖게 됐다. 이는 물론 측면 공격수들이 안쪽으로 움직여준 덕분이기도 하다. 만약 상대 중앙 수비수 중 한 명이 피르미누를 따라 움직인다면 수비진에 공간이 생겨서 마네 또는 살라흐가 빠르게 침투하며 패스를 받을 수 있게 된다.

　이 사례는 리버풀이 전진된 위치에서 공격 기반을 만드는 것이 왜 중요한지를 완벽하게 보여준다. 라이트백이 피르미누에게 패스를 이어준 순간 상대 선수 여섯 명이 완전히 뚫린 셈이 됐다. 물론 상대 선수들이 수비 위치를 회복할 수는 있겠지만, 그러려면 자신의 골문을 바라보며 달려가야만 한다.

　피르미누는 패스를 받는 순간 돌아서서 상대 골문을 향해 달려갈 여유가 충분한 상황이다. 사례에서는 마네가 안쪽으로 파고들며 상대 라이트백을 끌고 들어가고, 피르미누가 돌아섰을 때 이미 로버트슨이 상대 미드필더보다 앞서서 전진하고 있기 때문에 그에 맞춰서 대각선 방향으로 패스를 해주었다.

　상대 수비가 꽤 높이 올라왔을 때는 이렇게 간단한 스위치 플레이로 측면 공간을 공략할 수 있다. 로버트슨이 상대 수비 블록 뒷공간으로 침투해 들어가면 이를 막기 위해 상대 수비진은 돌아서서 자기 골문을 바라보며 달려야 하고, 빠르게 문전으로 달려드는 마네와 살라흐는 아주 좋은 기회를 잡게 된다.

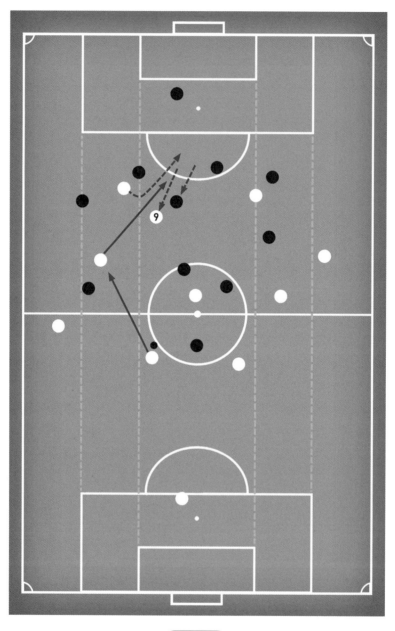

그림 31

리버풀의 9번이 아래로 내려오는 것이 중요한 이유는 상대 수비를 끌어내기 때문이라고 언급한 바 있다. 그림 31에서도 피르미누가 아래쪽으로 공을 향해 내려오면서 공간을 만들려고 한다. 스트라이커들은 각자 다양한 움직임으로 위치를 선정하고 공간을 만든다. 빠른 발이 무기인 선수는 공의 반대쪽 공간을 향해 달려가겠지만, 피르미누는 공이 있는 쪽으로 움직이면서 미드필드와 공격 사이를 연결하려고 한다.

피르미누가 내려오자 상대의 오른쪽 중앙 수비수가 따라 움직이며 수비진에 공간을 남겼다. 이 한 장면만으로 피르미누가 9번 자리에서 보여주는 움직임이 얼마나 뛰어난지를 알 수 있다. 수비가 따라나오지 않으면 파이널 서드에서 공격의 기반을 만들 수 있고, 이번 장면처럼 따라나오게 되면 라이트백과 왼쪽 중앙 수비수 사이에 공간이 만들어지는 것이다.

수비진의 판데이크가 미드필더 베이날둠에게 패스를 연결했고, 베이날둠은 즉시 피르미누가 만든 공간을 향해 패스를 시도한다. 수비진을 뚫는 이 패스는 상대 풀백을 따돌리고 공간으로 앞서 달려가는 마네에게 이어져 득점 기회로 연결된다.

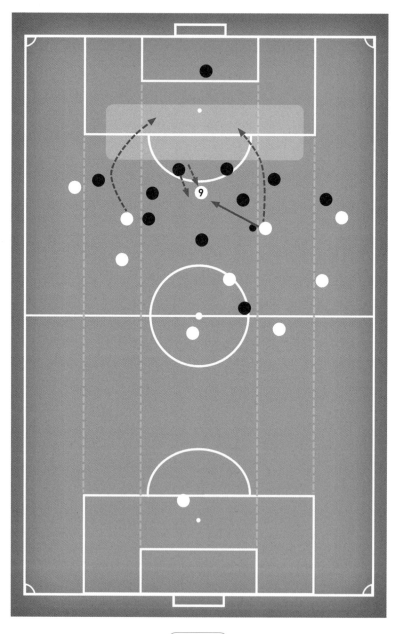

그림 32

그림 32는 상대 수비가 피르미누를 따라 움직인 사례를 또 한 번 보여준다. 파이널 서드에서 리버풀 선수들은 피르미누가 상대의 압박에도 공을 지켜 낼 능력이 있다고 완전히 신뢰하고 있다. 발 밑으로 패스만 이어주면 상대 의 압박에도 잘 버티고 있기 때문에, 동료들이 그 주위로 빠르게 전진해서 지원을 해줄 수가 있다.

살라흐가 상대 수비진 앞쪽에서 공을 잡고 있고, 피르미누는 공을 향해 패스를 받으러 내려온 상황이다. 상대 수비가 따라와서 피르미누가 돌아서 지 못하도록 막지만, 피르미누에게 패스가 이어지자마자 살라흐와 마네가 상대 수비 뒷공간을 향해 전진한다. 피르미누는 개인기를 활용해서 자신의 뒤에 붙은 상대 수비를 따돌리고 돌아선 뒤 표시된 수비 뒷공간으로 침투 패스를 이어준다.

전방으로 달려가는 선수는 보통 마네와 살라흐지만, 왼쪽의 로버트슨도 피르미누가 내려와서 공을 잡을 때 수비 뒷공간까지 전진하곤 한다. 리버풀 이 미드필드를 실용적으로 운용하기 때문에 피르미누의 이러한 위치 선정 은 굉장히 중요할 수밖에 없다. 리버풀의 공격 움직임은 피르미누를 중심으 로 이어지고 순환한다.

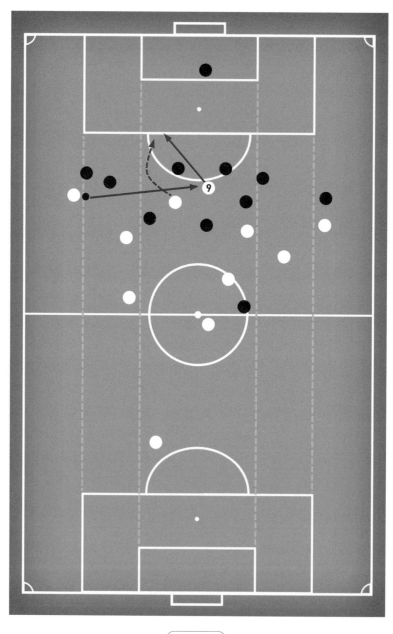

그림 33

피르미누는 10번 자리로 내려올 수 있는 선수지만, 그렇다고 항상 내려오는 건 아니다. 리버풀이 파이널 서드까지 전진했을 때 피르미누가 최전방에서 자리를 지키는 경우도 종종 볼 수 있다. 그림 33이 그 예시로, 피르미누는 상대 수비진 바로 앞에 자리하고 있다.

이러한 상황에서는 좁은 공간에서 공을 컨트롤하고 압박에 대응하는 것이 중요하다. 왼쪽 측면에 전진해 있던 로버트슨으로부터 대각선 패스가 이어졌고, 피르미누가 패스를 받으면서 리버풀은 중앙을 공략할 기반을 갖게됐다. 이 위치에 선 공격수는 좁은 공간에서의 연계 플레이 능력이 상당히 뛰어나야 한다. 패스가 오는 순간에는 공격 2선에 있던 마네가 페널티 지역 안으로 침투하는 것을 볼 수 있다.

여기서 피르미누는 한쪽 발만을 써서 패스를 받고, 곧바로 반대쪽 발로 공을 가볍게 차서 상대 수비진을 뚫는 패스를 마네에게 연결한다. 이러한 연계 플레이 능력은 매우 중요하다.

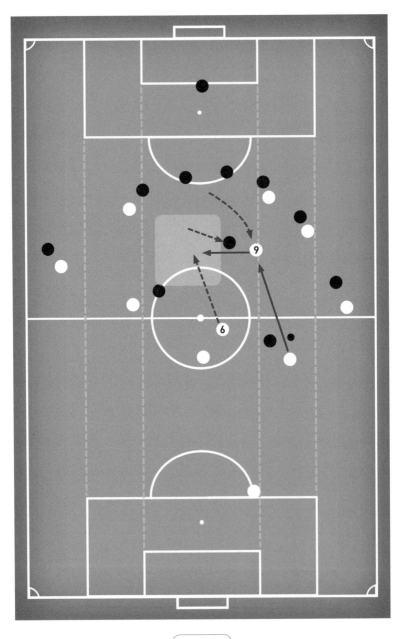

그림 34

리버풀의 9번이 하는 역할의 대부분은 당연하게도 파이널 서드에서 이뤄진다. 그러나 피르미누는 그보다도 밑으로 내려와서 공의 전진을 돕기도 한다.

그림 34가 그러한 예시로, 피르미누는 하프라인까지 내려와서 동료들에게 공간을 만들어주며 공이 전진할 수 있도록 한다. 그는 패스를 받으러 내려오며 상대 미드필더를 지나치는데, 그렇게 주의를 끌어서 상대가 원래 수비 위치에서 벗어나도록 만든다.

피르미누가 마티프로부터 패스를 받는 순간, 6번 자리에 있던 헨더슨이 상대 미드필더가 비워둔 공간으로 전진한다.

상대 수비를 원래 위치에서 끌어내는 능력은 클로프 감독의 공격 구상에서 핵심적인 부분이다. 이로 인해 리버풀은 측면에서 안쪽으로 파고드는 선수나 2선에서 전진하는 선수를 활용해 상대 수비 블록을 뚫고 득점 기회를 만들 수 있다.

Chapter 7
가짜 윙어

축구 전술이 획일적이고 단순했던 시절은 그리 오래 전이 아니다. 풀백은 뒷공간에 머무르며 수비만 해야 했고, 스트라이커는 미드필드를 오가지 않고 전방에서 공격 1선만을 이끌었으며, 윙어들은 측면에서 상대를 뚫고 박스 안으로 크로스를 올리기만 하면 됐다.

그러나 지난 10~15년 사이에 선수들의 역할과 연계 플레이 면에서 많은 발전이 이뤄졌다. 요즘 축구가 지나치게 전술적으로 바뀌어서 감독의 역량이 너무 커졌다며 더 단순하던 시절을 그리워하는 팬들도 있을 정도다.

리버풀의 공격 작업을 하나하나 분석해보면 전술 패턴이 포지션 별로 나뉘지지 않고 팀 전체에서 종합적으로 이뤄지는 것을 알 수 있다. 소위 말하는 포지션의 '전통적인 역할'도 전술에 맞게 변화해왔다. 리버풀 공격 시스템의 핵심은 선수 개개인이 다 함께 움직이면서 시너지 효과를 만드는 것이다.

우리는 앞서 선수 개개인의 역할에 대해 살펴봤다. 중앙 수비수나 풀백도 공의 전진에 관여하고, 스트라이커는 동료들에게 공간을 만들어주기 위해 이타적으로 움직이기도 했다. 이제 마지막으로, 어쩌면 가장 중요한 포지션인 측면 공격수들의 역할을 분석해볼 것이다.

리버풀에서 주전 측면 공격수는 분명히 정해져 있다. 왼쪽에는 세네갈 국가대표인 마네, 오른쪽에는 이집트 국가대표인 살라흐가 뛴다. 이 두 선수의 영입은 리버풀 전력 강화부의 능력을 잘 보여준다. 전력 강화부에서 확신을 갖고 각각 2016년과 2017년에 영입한 선수들이다. 사실 살라흐의 경우 어린 시절 첼시에서 충분한 기회를 받지 못했던 경험이 있어 프리미어리그에서는 실패한 선수로 여겨졌고, 마네의 이적료 3400만 파운드도 과하다는 평가가 많았다.

그러나 리버풀은 결국 자신들이 원하는 역할에 정확히 들어맞는 선수를 영입한 셈이 됐다. 측면에서 안쪽으로 파고 들어와서 골을 노리는 공격수는 새로운 개념이 아니었다. 이러한 유형에서 가장 유명한 선수는 네덜란드 국가대표인 아르연 로번(Arjen Robben)이다. 로번은 바이에른 뮌헨에서 활약할 당시 오른쪽 측면에서 안쪽으로 빠르게 파고 들어와 왼발 슈팅으로 골을 터트리는 플레이를 예술의 경지로 끌어올린 선수였다.

최고 수준의 감독들은 진작부터 윙어들을 '반대발'로 기용해오고 있었다. 이는 왼발잡이 선수를 오른쪽 측면에, 오른발잡이 선수를 왼쪽 측면에 기용하는 것을 말한다. 그렇게 하면 공격 시에 하프 스페이스로 치고 들어오는 것이 자연스러운 움직임이 되고, 자신이 주로 사용하는 발에 맞는 슈팅 각도가 열린다.

반대발 윙어를 선호하는 또다른 이유는 바로 풀백들이 전진할 공간과 기회가 만들어지기 때문이다. 풀백들이 점점 더 공격적으로 진화하는 가운데 윙어가 안쪽으로 움직이게 되면 상대 풀백은 그를 따라가야 하고, 그로 인해 생긴 공간으로 동료 풀백이 전진해서 상대 수비의 폭을 넓혀 공간을 만들게 된다. 이러한 움직임은 뒤로 물러서서 촘촘한 수비를 펼치는 팀을 상대할 때 특히 효과적이다. 윙어가 안쪽으로 움직여 중앙 지역에서 수적 우위를 점하면, 풀백이 측면에서 공격을 지원하거나 수비 뒷공간으로 파고들어 득점 기회를 만들 수 있기 때문이다.

이러한 패턴 플레이는 이미 쉽게 볼 수 있는 것이었지만, 리버풀은 이를 더 발전시켜서 윙어들이 전통적인 스트라이커처럼 상대 페널티 지역 주위에서 움직이도록 했다. 전통적으로는 윙어들이 기회를 만들고 스트라이커가 마무리 슈팅을 노리는데, 리버풀은 파이널 서드에서 이 역할을 뒤바꾼 것이다.

스트라이커인 피르미누는 밑으로 내려와서 공간을 만들어 윙어들이 중앙에서 득점 기회를 맞이할 수 있도록 돕는다. 득점 기회가 만들어지는 과정을 살펴보면 이러한 움직임이 분명한 것을 알 수 있다. 페널티 지역 주변에서의 슈팅과 득점은 대부분 마네와 살라흐에게서 나온다. 앞서 언급한 반대발 윙어의 대표격이었던 로번의 경우 페널티 지역 밖에서 중거리 슈팅을 시도하는 경우가 많았고, 골로 이어지기 어려운 각도에서의 슈팅도 많았다. 로번은 많은 골을 터트린 뛰어난 공격수이기는 했지만, 그의 대표적인 득점 장면들은 모두 페널티 지역 바깥에서 감아차는 슈팅이었다. 그런데 마네와 살라흐는 훨씬 더 좋은 위치에서 슈팅을 시도하기 때문에 골을 터트릴 확률도 더 높다. 기대득점은 슈팅 위치에 따라 득점으로 연결될 확률을 계산한 값인데, 기대득점이 0.01이면 골이 될 확률이 1%밖에 되지 않는 슈팅이고, 1.00이면 100% 골이 되는 슈팅이라는 뜻이다. 로번의 경우 슈팅의 기대득점 값이 낮을 수밖에 없고, 마네와 살라흐는 훨씬 더 높은 기대득점 값을 갖게 되는 것이다.

가짜 윙어

리버풀은 선수 영입 과정에서 기대득점과 같은 발전된 측정 기준을 사용했고, 그 결과 살라흐와 마네 같은 선수들을 영입해서 이들의 장점을 극대화할 수 있는 방식으로 활용했다.

지금까지는 마네와 살라흐의 역할이 유사하다는 점을 설명해왔는데, 더 분석해보면 이 둘은 각자 다른 특징을 가진 선수들로서 서로를 잘 보완해준다는 것을 알 수 있다.

그에 앞서 팀을 구성할 때 선수의 특징을 파악하는 게 얼마나 중요한지를 살펴보겠다. 선수의 특징이라 함은 개인의 플레이 성향과 동료들과의 연계 플레이 능력 등을 의미한다. 외부에서 선수의 개인 성향을 정확하게 평가하기는 어렵기 때문에, 그동안 선수가 보여줬던 경향을 살펴볼 수밖에 없다. 예를 들어 마네와 피르미누를 보자. 2019/20 시즌에 피르미누는 중앙에서, 마네는 왼쪽에서 뛰었다. 그러다가 피르미누가 결장할 때는 마네가 중앙으로 와서 스트라이커 역할을 맡았다. 바로 이런 상황에서 선수의 특징 파악이 중요한 것이다. 앞 장에서 설명했듯이, 피르미누는 이타적인 움직임으로 아래쪽으로 내려와 연계 플레이를 펼치며 공간을 만들어서 윙어들이 중앙 공간을 차지하는 데 중요한 역할을 담당하는 선수다. 반대로 마네는 중앙에 있을 때 계속해서 수비 뒷공간으로 침투하는 경향이 있다. 따라서 리버풀은 피르미누가 없을 때는 마네의 플레이 성향에 맞도록 공격 조직에 변화를 줘야 하는 것이다.

마네는 빠른 스피드로 상대 수비 뒷공간을 공략하는 공격수이기 때문에, 더 낮은 곳에서부터 움직이기 시작할 때 훨씬 더 위협적인 자원이 된다. 하프 스페이스에서 빠른 속도로 날카롭게 전진하는 마네를 수비하기는 굉장히 어렵다. 마네는 자신의 전진 움직임에 맞는 패스가 공간으로 이어져서 그대로 달려가며 슈팅하는 것을 선호한다.

살라흐는 이와 대조적이다. 그도 빠르기는 하지만, 일단 패스를 받고 나서 공을 가진 채로 움직이는 것을 선호한다. 마네와 같은 방식으로 위치 선정을 하면서도, 공을 가진 채로 상대 수비와 경합하며 개인기와 몸싸움 능력을 활용해 페널티 지역 안으로 진입을 시도한다. 살라흐의 또다른 장점은 바로 준비 동작이 거의 없이 슈팅을 시도하는 능력이다. 선수들은 보통 슈팅을 하기에 앞서 자세를 잡느라 자신만의 동작이 나오기 마련인데, 살라흐는 다리를 뒤로 거의 젖히지 않고도 상당한 힘을 실어 슈팅을 할 수 있다. 따라서 페널티 지역 안에서 상대 수비를 제친 뒤에는 곧바로 슈팅을 시도하곤 한다.

마네와 살라흐는 서로 다른 특징을 가지고 피르미누와 연계를 할 수 있다. 살라흐는 중앙 지역에 있을 때 상대 골문을 등지고 패스를 받는 반면에 마네는 항상 수비 뒷공간으로 침투하면서 공간을 활용할 수 있는 패스를 받으려고 한다.

이렇듯 세 공격수들이 서로 다른 위치에서 다양한 방식으로 활약하기 때문에 상대는 리버풀을 수비하기가 굉장히 어려울 수밖에 없다.

KING KLOPP

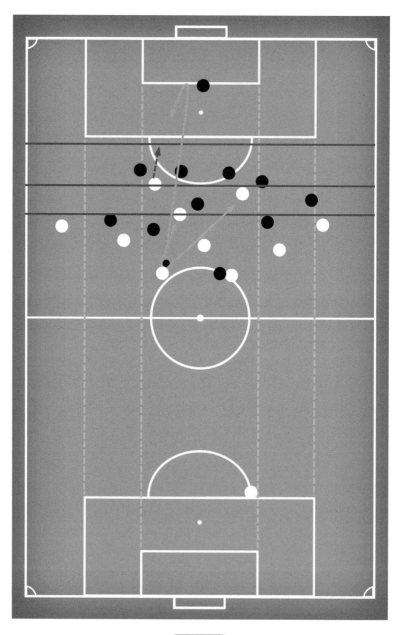

그림 35

먼저 공격 시에 윙어들이 어떻게 위치 선정을 하고, 중앙에 있는 스트라이커와 어떻게 연계 플레이를 펼치며 다양한 공간을 공략하는지 살펴보자.

그림 35는 리버풀이 파이널 서드 진입 지점에서 공을 가진 상황이다. 판데이크가 수비 1선에서 공을 가지고 있는데, 상대는 이를 직접적으로 압박할 수가 없다. 우리는 이미 리버풀 중앙 수비수들에게는 공간이 생겼을 때 공을 가지고 전진하는 역할이 중요하다는 것을 알고 있다. 이 장면에서 리버풀의 반대발 윙어들은 일반적인 윙어들과 달리 하프 스페이스를 지나 완전한 중앙 지역까지 들어와 있다.

이제 세 공격수 - 두 명의 윙어와 한 명의 스트라이커 - 의 특징이 서로 다르다는 것을 생각해보자. 피르미누는 아래로 내려가서 패스를 받으려 하고, 오른쪽의 살라흐도 패스를 받으려고는 하지만 내려가지 않고 상대 수비와 일대일로 맞섰으며, 왼쪽의 마네는 상대 수비 사이 공간을 뚫고 침투하려고 한다.

이렇게 서로 다른 특징을 가진 세 명의 공격수들이 하나가 되어 움직이고, 판데이크는 이 셋 중 누구에게나 패스를 할 수 있다.

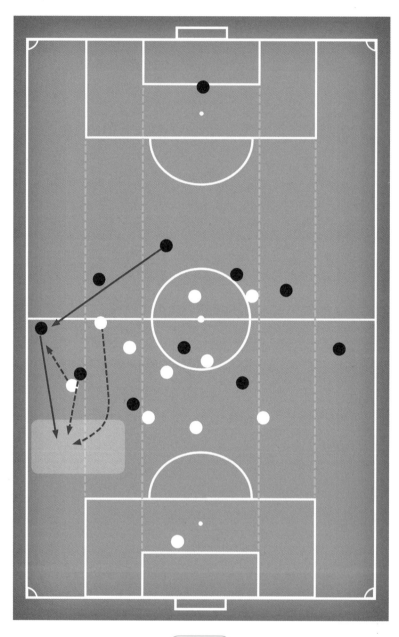

그림 36

리버풀 윙어들의 특징을 분석하다 보면 지공 상황에만 집중하기 쉬운데, 실은 수비와 역습 상황 또한 마찬가지로 중요하다. 그림 36은 상대가 리버풀의 왼쪽 측면으로 공격을 해오는 상황이다. 상대 센터백이 라이트백에게 패스를 건네자 로버트슨이 이를 압박하기 위해 전진하고, 이로 인해 상대 측면 자원에게 공간이 열리게 됐다. 이런 경우 상대는 측면을 공략할 좋은 기회라고 생각하는 게 당연하다. 하지만 마네가 성실하게 수비에 가담해서 태클로 공을 빼앗고, 직접 역습을 시작한다. 보통은 왼쪽 센터백이 상대를 막아야 하지만, 리버풀은 마네가 전방에서 내려와 수비 커버에 가담한다.

이 정도의 수비가 마네에게는 특별한 일이 아니라는 사실을 명심해야 한다. 하지만 반대쪽의 살라흐는 그렇지 않다. 그는 수비 전환이 시작될 때만 압박에 가담하고, 상대가 하프라인을 넘어서면 그대로 전방에 머무르며 리버풀이 공을 빼앗아 역습을 전개할 때 유리한 위치를 점하고자 한다.

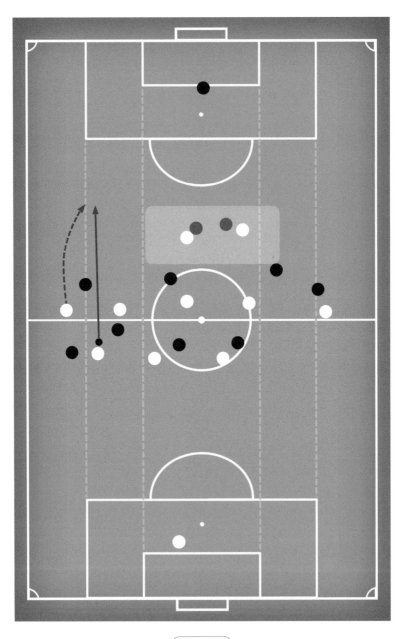

그림 37

리버풀의 역습이 시작되면 마네의 스피드가 상대 수비를 뚫는 데 결정적인 역할을 한다. 그는 상대 수비가 뒤쪽에 남겨둔 공간을 빠르게 공략하기 때문이다.

그림 37은 레프트백인 로버트슨이 공을 빼앗아 역습을 시작하는 장면이다. 살라흐와 피르미누가 중앙 지역에 자리를 잡고 있어, 상대 센터백들은 공간으로 향하는 패스를 차단하기 위해 움직일 수가 없다. 그 덕분에 로버트슨은 다소 쉽게 수직 방향으로 패스를 시도하고, 마네는 전진해 있던 상대 풀백의 바깥 방향으로 돌아서 뒷공간으로 침투하며 그 패스를 받는다.

이처럼 간단해 보이는 직선 패스와 수비 바깥쪽으로의 침투 움직임만으로도 수비로 전환하던 상대의 균형을 완전히 무너뜨릴 수 있다.

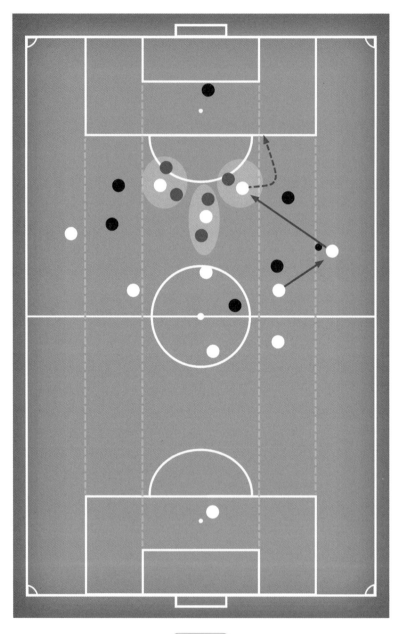

그림 38

리버풀 윙어들의 움직임은 상대 수비수들을 묶어두는 데 있어 핵심 역할을 한다. 그러한 장면을 그림 38에서 볼 수 있다.

리버풀의 세 공격수가 각기 다른 특징을 가졌기 때문에 상대는 이를 수비하기가 까다롭다고 설명한 바 있다. 스피드를 활용해서 침투하는 공간으로 정확한 타이밍에 패스가 오는 것을 선호하는 선수는 마네인데, 이 장면에서는 살라흐가 뒷공간으로 침투할 수 있는 위치에 있다. 피르미누와 마네는 살라흐가 침투할 수 있도록 상대 수비수를 한 명씩 잡아두고 있다.

두 번의 패스로 상대 수비 네 명이 뚫리고, 살라흐는 패스를 받으며 상대 수비와 일대일로 맞설 수 있게 된다. 그는 낮은 무게 중심을 활용해 돌아서는 동작으로 자신에게 가까이 붙는 수비를 따돌리는 능력이 탁월한 선수다. 이 장면에서도 패스를 받은 뒤 수비가 가까이 붙기를 기다렸다가 바깥쪽으로 돌아서면서 페널티 지역 안으로 진입한다. 그리고는 침착한 슈팅으로 골을 터트렸다.

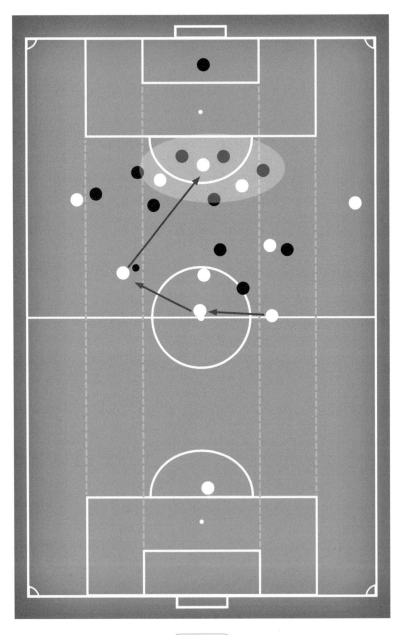

그림 39

상대 수비가 뒤로 물러날수록 리버풀의 윙어들은 더 중앙 지역으로 오는 경향이 있다. 이러한 움직임은 아무리 강조해도 지나치지 않기 때문에 마지막 장면에서도 설명을 하겠다.

그림 39를 보면 패스가 마티프와 판데이크를 거쳐 베이날뒴에게 이어진 상황이다. 이때 두 윙어는 스트라이커와 함께 중앙 지역에 서 있다. 세 공격수가 전부 중앙 지역에 몰려 있고, 게다가 스트라이커는 패스를 받으러 아래로 내려오지도 않는다. 대신에 그 지역에서 상대 수비보다 수적 우위를 점하고 있는 것이다. 그러한 가운데 스트라이커에게로 패스가 이어지면, 윙어들은 상대 센터백과 풀백 사이 공간으로 침투해 들어간다. 이러한 상황이야말로 리버풀 윙어들의 공격력이 가장 폭발적으로 발휘되는 순간이다.

Chapter 8
버질 판데이크

네덜란드 국가대표 센터백인 버질 판데이크가 선수로서 성장한 과정은 너무나 흥미로워서 프로 선수를 꿈꾸는 여러 유망주들에게 많은 교훈을 줄 수 있다. 오늘날 월드클래스로 꼽히는 선수들 중에서도 어린 시절부터 앞날이 창창하리라는 평가를 받은 선수는 극히 드문데, 판데이크의 경우도 마찬가지였다. 그는 불확실한 길을 걸으면서도 몇 차례의 발전을 거듭해서 지금의 선수로 성장한 것이다.

판데이크는 네덜란드의 빌럼 틸뷔르흐에서 축구를 시작하여 단계별 유소년팀을 거쳤지만, 한 번도 프로 계약 제의를 받지는 못했다. 흐로닝언에서 계약에 관심을 보이자 빌럼 구단은 그를 흔쾌히 놓아줬다. 흐로닝언에 입단하고 나서도 판데이크는 자신을 향한 의문 가득한 시선을 이겨내야 했다. 몇몇 코치들은 그가 수비 도중에 너무 쉽게 집중력을 잃는다고 비판했다. 하지만 그는 상대 공격수에게 많은 공간을 허용하긴 했어도, 뛰어난 신체 능력으로 실수를 만회할 수 있었다.

성인 1군 무대가 가까워지면서 신체적인 이점은 줄어들었지만, 판데이크는 꾸준하게 성장하면서 팀의 주전 센터백으로 입지를 다지는 데 성공했다. 그때부터는 한 단계 더 도약하려면 네덜란드 전통의 강호인 아약스, PSV 에인트호번, 페예누르트 중 한 팀으로 이적해야 한다는 추측이 이어졌다.

세 팀 모두 판데이크를 주목하고 관심을 보이기는 했지만, 구체적인 제의를 해온 곳은 없었다. 그러다가 2013년에 스코틀랜드 전통의 강호 셀틱이 확실한 제의를 해왔다. 판데이크는 네덜란드에 남아 계속 발전하길 바라고 있었고, 셀틱과 협상이 진행되는 와중에 아약스에서 접촉을 해오기는 했지만 끝내 제의는 이뤄지지 않았다. 마르크 오버르마르스(Marc Overmars) 아약스 단장은 이를 분명히 후회했을 것이다. 그렇게 셀틱으로의 이적 길이 열렸고, 판데이크는 260만 파운드라는 낮은 이적료에 스코틀랜드 무대로 향했다.

셀틱에서 판데이크는 전혀 다른 스타일의 축구를 접했다. 흐로닝언은 중위권 팀이라 경기를 지배하는 경우가 드물었지만, 셀틱은 경기를 지배했다. 젊은 수비수가 새로운 스타일의 축구를 경험하면서 훗날 리버풀에서처럼 공을 전진시키는 중요한 임무까지 맡게 된 것이다. 판데이크는 이때 상대 공격수를 일대일로 막고, 자기 골문을 향해 뒷걸음질 치면서 수비하는 방법에 적응해야만 했다. 셀틱이 워낙 공을 갖고 경기를 지배하는 팀이다 보니 공격 시에 센터백도 하프라인 너머로 올라가 있어야 했기 때문이다. 그렇게 되면 상대는 한 번에 셀틱 수비진 너머의 뒷공간을 향해 역습을 시도하곤 한다. 판데이크는 그때부터 빠른 스피드로 상대 공격수를 따라가며 일대일 수비를 펼치는 데 적응을 시작한 셈이었다.

판데이크는 셀틱에서 뛰면서 경기장 안팎에서 리더로서의 자질을 보여주기 시작했다. 경기 도중에는 침착하면서도 집중력이 떨어진 동료들의 위치를 조정해야 할 때는 목소리를 크게 냈다. 유망주 시절의 가벼운 태도는 어느새 사라지고 없었다. 스코틀랜드 리그는 그다지 수준이 높다는 평가를 받지는 못하지만, 판데이크의 활약은 빠르게 잉글랜드 스카우트들의 이목을 끌기 시작했다. 그때까지도 몇몇 스카우트들은 그의 능력에 확신을 가지지 못했다. 셀틱이 스코틀랜드 리그에서 특별히 경쟁자가 없는 팀이었기 때문에 판데이크가 프리미어리그 수준에 맞는 활약을 펼칠 수 있을지 확신하지 못했던 것이다.

다행히도 사우샘프턴 한 팀만은 흔들리지 않고 2015년에 1300만 파운드의 이적료로 판데이크를 영입해 그를 프리미어리그 무대로 데려왔다. 셀틱에는 당시 1300만 파운드도 큰 이익이긴 했는데, 그들은 판데이크가 다시 이적할 시 일정 지분을 받는 계약 조항을 포함시켰고 이는 그야말로 '신의 한 수'가 됐다.

사우샘프턴에서 판데이크는 우리가 오늘날 리버풀에서 보는 활약을 펼치기 시작했다. 그는 리그의 수준이 높아졌음에도 당황하지 않았고, 오히려 더 발전해서 프리미어리그 공격수들과 당당하게 맞섰다. 문제는 사우샘프턴이 판데이크의 활약에도 중소 규모를 벗어나지 못하는 구단이었다는 것이다. 리그에 강력한 수비수가 새로이 떠오르자 소위 말하는 '슈퍼 구단'들이 관심을 보이기 시작했고, 결국에는 클로프 감독이 리버풀 구단 수뇌부에 영입 대상 수비수는 오직 판데이크 하나뿐이라고 선포하게 된다.

리버풀과 사우샘프턴 사이의 협상은 치열하게 이어졌고, 결국 2017년 12월에 합의에 도달했다. 판데이크는 7500만 파운드의 이적료로 사우샘프턴을 떠나 2018/19 시즌부터 리버풀에서 뛰게 된 것이다.

판데이크가 리버풀에 입단하기까지 어떠한 길을 걸어왔는지를 돌아보면, 그가 어떤 수비수가 되어 오늘날 리버풀에서 뛰고 있는지를 이해할 수 있다. 재능을 의심받던 빌럼 시절을 거쳐 능력을 입증하기 위해 분투했던 흐로닝언과 셀틱 시절까지, 판데이크가 지금처럼 자신에게 확신을 갖고 있는 건 어쩌면 당연한 일일 것이다.

판데이크는 리버풀에서 왼쪽 센터백을 맡아 기술적으로나 전술적으로나 뛰어난 활약을 보여줬다. 뒤로 물러선 상황에서의 수비는 흐로닝언과 사우샘프턴에서 경험했기 때문에 좁은 공간을 어떻게 수비해야 하는지 잘 알고 있었다. 발이 빠르고 다리까지 길기 때문에 상대 공격수가 패스를 받아 공을 컨트롤할 만한 공간 자체를 내주지 않는다. 또한 그는 리버풀이 공격할 때는 자신 있게 전방으로 패스를 보내 상대 수비를 무너뜨릴 수도 있는 선수다. 실제로 판데이크는 2019/20 시즌에 90분당 9.11회의 패스를 파이널 서드로 보냈고, 프로그레시브 패스는 10.43회에 달했다. 라인을 높게 끌어올려도 편안한 수비를 펼치며 90분당 8.61회의 가로채기를 기록하기도 했다.

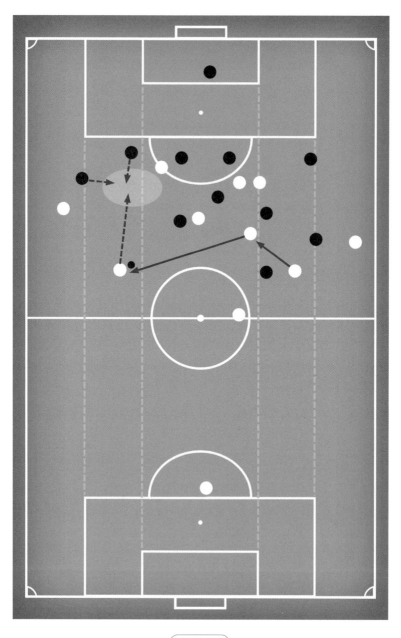

그림 40

리버풀은 어떤 팀을 상대하더라도 높은 점유율을 유지하는 팀이기 때문에 센터백도 공을 편안하게 다룰 수 있어야 한다. 그림 40은 판데이크가 공을 어떻게 다루는지 보여주는 장면이다.

상대는 공이 있는 쪽으로 촘촘하게 모여 있고, 판데이크는 반대쪽 하프 스페이스에 완전히 자유롭게 서 있는 상황이다.

이때 리버풀은 깔끔한 패스 연결로 판데이크에게 공을 이어주고, 그는 직접 공을 갖고 상대 수비를 향해 전진하려고 한다. 물론 상대팀도 리버풀이 패스로 방향을 바꾸는 것에 맞춰서 수비 조직을 움직여 판데이크가 쉽게 수직 방향 패스를 하지 못하도록 차단하려 할 것이다. 하지만 판데이크는 상대 수비가 방향을 바꾸기 전에 즉시 전진을 시작한다. 이 때문에 상대 수비에서는 두 명의 선수가 자신의 위치에서 벗어나 판데이크를 막을 수밖에 없는 상황에 놓인다.

그렇게 되면 상대 수비 뒷공간이 열리게 되고, 그 공간을 레프트백인 로버트슨과 왼쪽 윙어인 마네가 공략할 수 있게 된다.

만약 판데이크가 공을 편안하게 다루지 못하는 선수였다면 직접 전진하는 대신 또다시 패스를 어디로 보낼지 고민했을 것이고, 상대 수비는 원래 자리에서 수비 조직을 유지할 수 있어 리버풀은 공략할 공간을 만들지 못했을 것이다.

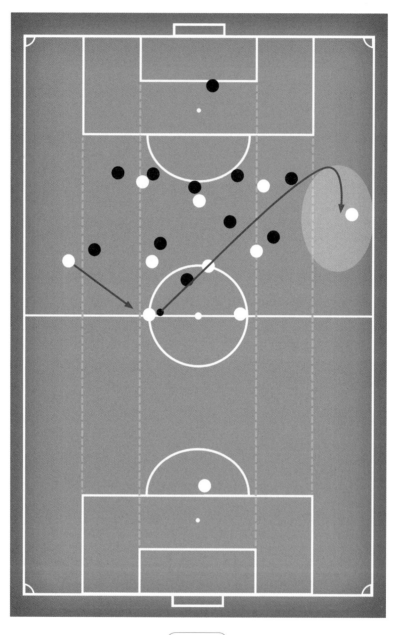

그림 41

판데이크는 공을 갖고 직접 전진할 뿐만 아니라, 경기장 어디로든 패스를 보낼 수 있는 시야와 정확한 킥 능력도 보유하고 있다. 이를 그림 41에서 볼 수 있다.

레프트백인 로버트슨이 공을 가진 상황, 상대는 촘촘한 간격으로 효과적인 수비 대형을 유지하고 있다. 패스가 어디로 향하든 바로 압박할 수 있는 위치에 수비가 자리하고 있는 것이다. 로버트슨이 압박을 피해 판데이크에게 백패스를 하자, 판데이크는 재빠르게 공격의 방향을 바꿔버린다. 그는 수직 방향으로 패스를 보낼 선택지가 없다는 것을 확인하고 나서 자세를 바꿔 반대쪽 측면으로 대각선 방향의 긴 패스를 시도하고, 이 패스는 알렉산더-아놀드가 상대 수비를 끌어내서 만든 오른쪽 측면으로 향한다.

이처럼 판데이크는 공을 갖고 전진하거나, 패스로 공격의 방향까지 바꿀 수 있는 선수다. 따라서 상대는 판데이크가 센터백임에도 불구하고 그에게 여유 있게 공간을 내줄 수가 없게 된다.

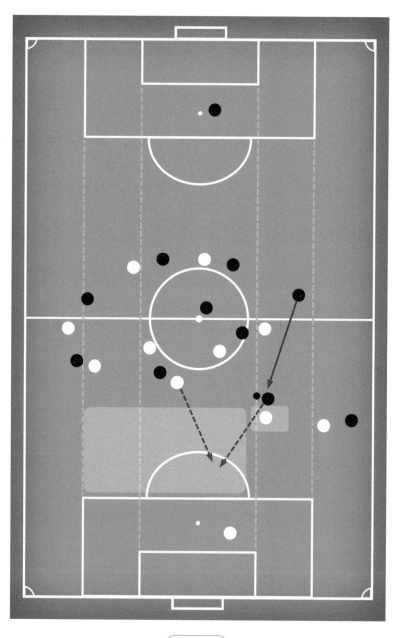

그림 **42**

이번에는 판데이크의 수비 능력을 살펴보겠다. 2019/20 시즌 토트넘과의 경기 장면인데, 그림 42가 중요한 순간을 보여주고 있다. 토트넘이 오른쪽 하프 스페이스에서 역습을 전개하려 하지만, 리버풀 수비는 여전히 정돈된 모습이다. 그러다가 수비수가 미끄러지면서 공을 가진 토트넘 선수가 단숨에 골문을 향해 질주할 수 있게 됐다.

바로 이런 상황에서 판데이크의 월등한 수비 능력이 빛을 발한다. 그는 상대 공격수 두 명과 맞서야 하는 상황에 놓인다. 한쪽에서는 공을 가진 선수가 달려오고, 자신의 등 뒤에서는 패스를 받을 수 있는 선수가 침투를 노린다. 이러한 위기 상황에서도 판데이크는 등 뒤에 있던 상대를 커버하면서 공을 압박하는 굉장한 수비 능력을 발휘한다. 결국, 그는 페널티 지역 바로 앞에서 공을 빼앗아 리버풀의 역습을 시작한다.

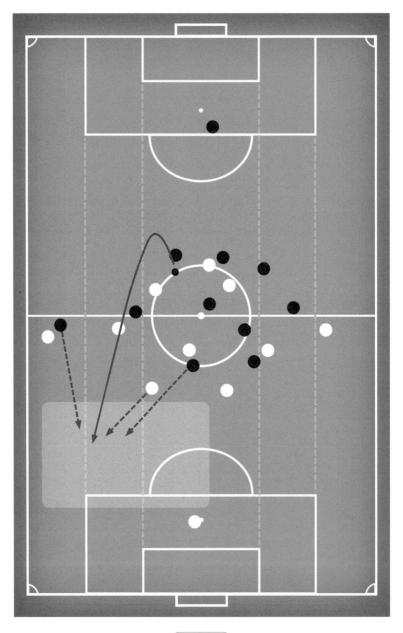

그림 **43**

판데이크는 강력한 수비로 자신과 골키퍼 사이의 뒷공간을 포함해 넓은 지역을 커버한다. 측면으로 이동한 상황에서도 편안하게 수비를 펼치고, 중앙에 자리하고 있을 때는 패스를 차단하거나 압박에 나선 동료를 지원하기도 한다.

그림 43은 판데이크가 자신의 골문을 향해 달려가면서 여러 명의 상대를 막아야 하는 장면이다.

상대 센터백이 공을 빼앗은 뒤 리버풀의 카운터 압박을 피해 오른쪽 측면으로 쇄도하는 윙어를 향해 빠르게 패스를 시도했다. 리버풀은 공격에 나섰을 때 수비 라인을 높게 끌어올리는 팀이기 때문에 이렇게 뒷공간을 많이 내주는 것이 약점이라고 할 수 있다. 이 장면에서도 뒷공간에 떨어지는 패스를 받기 위해 상대 공격수 두 명이 달려들지만, 판데이크가 놀라운 속도로 달려와 상대 공격수들보다 먼저 자리를 차지하면서 위기 상황을 무마한다.

이렇듯 상대가 순간적으로 공격에서 수적 우위를 점하는 상황이 나오는데도 리버풀이 레프트백을 전진시킬 수 있는 중요한 이유 중 하나가 바로 판데이크의 수비 능력 때문이다. 그가 결장하고 로브렌 등 다른 수비수가 출전하는 경기에서는 그에 맞춰서 수비 시스템을 조정해야 한다. 리버풀은 판데이크가 있어야 공격 옵션을 최대한 활용할 수 있는 팀이다.

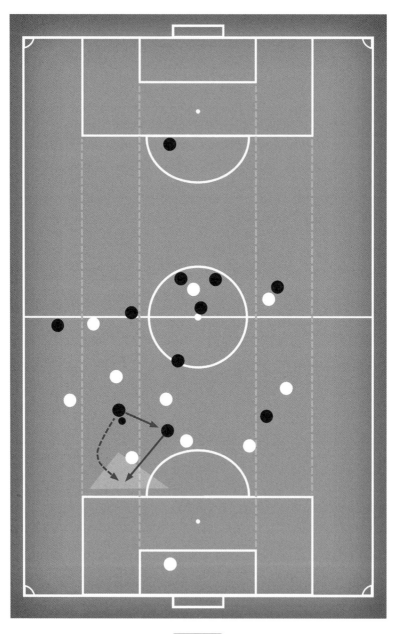

그림 **44**

판데이크의 공간 장악 능력은 리버풀이 뒤로 물러나서 수비 블록을 형성할 때도 똑같이 중요하다. 수비수들이 공간을 장악하고 상대를 일대일로 방어할 수 있게 되면 수적 우위를 내줄 여지가 사라지기 때문이다.

그림 44는 상대가 파이널 서드까지 진입한 상황으로, 공을 가진 선수를 판데이크가 막고 있다. 중앙 지역에 있는 상대 공격수에게도 수비가 붙어 있긴 하지만, 대각선 방향의 원투 패스로 판데이크의 뒷공간이 순식간에 공략 당하게 된다. 상대는 동료에게 패스를 하는 동시에 뒷공간으로 달려가며 리턴 패스를 받으려고 하지만, 판데이크는 완벽한 위치 선정으로 이를 차단한다.

이처럼 판데이크는 타고난 위치 선정 감각에 더해 몸을 틀어서 패스 길목을 차단하는 능력까지 갖추고 있다. 그러면서도 신체 균형을 잃지 않고 상대 공격수의 돌파까지 막아낸다.

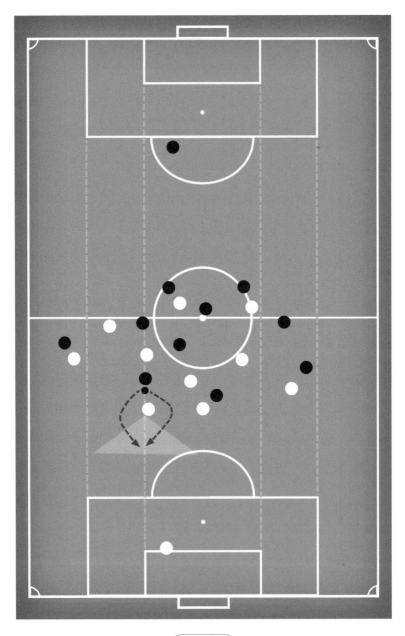

그림 45

그림 45는 판데이크가 상대 공격수와 일대일로 맞선 상황에서 뛰어난 신체 균형을 보여준 장면이다. 상대는 그의 정면에서 돌파를 시도하려 하고, 동료 센터백은 다른 상대 공격수를 막아야 하기 때문에 커버를 해줄 수가 없는 상황이다.

수비수는 대부분 왼쪽이나 오른쪽 중 조금 더 편하게 수비할 수 있는 방향이 있다. 보통은 자신이 주로 사용하는 발쪽이 편하다고 하는데, 왼발잡이 수비수는 상대가 자신의 왼쪽으로 돌파를 시도할 때 더 잘 수비하곤 한다.

그런데 판데이크는 방향을 가리지 않고 효과적인 수비를 펼칠 수 있는 완성형 수비수라고 할 수 있다. 이번 예시에서도 상대 공격수는 판데이크의 약한 쪽을 찾아내서 돌파하려 하는데, 판데이크는 한쪽을 열어주는 듯하더니 곧바로 몸을 틀어서 공을 빼앗는다. 슬라이딩 태클조차 할 필요가 없었다.

Chapter 9
조던 헨더슨

리버풀은 뛰어난 실력을 갖춘 선수가 워낙 많다 보니 주장인 조던 헨더슨의 주전 자리가 가장 불안하다고 할 수 있다. 그렇다고 헨더슨이 가치 없는 선수라는 이야기가 아니라, 맡고 있는 역할이 창의적이라기보다는 실용적이라는 이야기다.

그는 리버풀 입단 이후로 오랫동안 비판을 받으며 한계가 분명한 선수라는 평가를 받기도 했지만, 강력한 정신력을 바탕으로 팀의 중요한 일원이 됐다. 사실 헨더슨의 '한계'라고 지적받던 부분들은 리버풀의 전 감독들이 그의 장점과 특성에 맞게 활용을 하지 못했기 때문이기도 하다. 그러다가 리버풀이 6번 자리에 파비뉴를 영입하면서 헨더슨은 좀 더 전진 배치됐고, 그 자리에서 전술적인 유연성과 성실한 움직임을 보여주면서 리버풀의 핵심 선수로 성장한 것이다.

헨더슨은 18세의 나이에 고향 팀 선덜랜드에서 프리미어리그 무대에 데뷔했다. 그에 앞서 코벤트리 시티에서 짧은 임대 생활을 거쳤고, 곧 선덜랜드의 핵심 중 하나로 떠올랐다.

헨더슨은 윙어로 뛸 만큼 발이 빠르지는 않았지만, 오른쪽 측면에서의 성실한 움직임으로 두각을 나타내며 공수 모두에서 능력을 발휘했다. 선덜랜드의 베테랑 선수들이 부상을 당하게 되면서 그는 점차 팀의 핵심이 됐고, 발전을 이어가며 5년 재계약으로 활약을 보상받았다.

그러나 이 재계약으로도 선덜랜드는 헨더슨을 지켜내지 못했다. 2011년, 리버풀이 1800만 파운드의 이적료를 제시해 그를 영입한 것이다. 당시는 리버풀이 선수 영입에 전략적인 분석 기법을 도입해 대대적인 투자를 시작했을 때다. 현 구단주인 펜웨이 스포츠 그룹(FSG)이 2010년에 리버풀을 인수했고, 미국 메이저리그 야구단인 오클랜드 애슬레틱스에 꾸준한 성공을 안긴 빌리 빈(Billy Beane) 단장의 머니볼 전략을 자신들이 소유한 보스턴 레드삭스와 리버풀에 이식하려 했다. 머니볼 전략은 대부분의 야구단이 관심을 두지 않던 선진 통계 기법을 활용해 선수를 평가하는 것이다. 이 전략으로 오클랜드는 저평가된 선수를 찾아내 저렴한 이적료로 영입한 뒤 자신들이 파악한 데이터에 맞게 뛰어난 활약을 펼치도록 활용할 수 있었다.

FSG 이사진은 같은 전략을 보스턴 레드삭스에 도입하기 시작했고, 축구단인 리버풀에도 같은 원칙이 적용될 수 있다고 확신하고 있었다. 이 전략의 도입을 위해 리버풀에는 데미언 코몰리(Damien Comolli)가 새 단장으로 부임했다. 그는 아스널, 토트넘, 생테티엔에서 일했던 인물로 리버풀의 영입 전략을 책임지게 됐다.

코몰리가 영입한 선수들은 절반의 성공이 됐다. 1월 이적 시장을 통해 아약스의 루이스 수아레스(Luis Suárez), 뉴캐슬의 앤드루 토머스 캐럴(Andrew Thomas Carroll)까지 두 명의 스트라이커를 영입했다. 시즌을 마친 뒤에는 이 두 공격수에게 득점 기회를 만들어줄 수 있는 세 명의 선수를 영입했다. 블랙풀의 찰리 아담(Charlie Adam)은 세트피스 상황에서 페널티 지역 안으로 위협적인 패스를 넣어줄 수 있는 선수였고, 스튜어트 다우닝(Stewart Downing)과 조던 헨더슨 또한 기회 창출 능력을 인정받아서 영입된 선수들이었다.

이 다섯 명의 영입 중 수아레스와 헨더슨만이 성공이라는 평가를 받을 수 있다. 수아레스는 훗날 리버풀에 막대한 이적료를 안기며 바르셀로나로 떠났고, 헨더슨은 실용적인 역할을 소화하게 됐다. 결국, 코몰리 단장은 영입 실패라는 평가를 받으며 2012년에 리버풀과 상호 합의 하에 계약을 해지했다. 리버풀은 데이터를 바탕으로 선수 영입을 진행하는 데 있어 선구자 같은 구단이었다. 초기의 어려움에도 불구하고 선수 영입에 데이터가 중요하다는 믿음을 고수한 FSG도 인정을 받아야 한다.

다시 헨더슨의 이야기로 돌아가보면, 그는 리버풀 입단 이후 세 명의 감독 밑에서 뛰면서 매번 역할이 조금씩 바뀌어왔다. 처음엔 케니 달글리시(Kenny Dalglish) 감독의 지도를 받았는데, 당시 헨더슨은 리버풀로 막 이적해 적응하는 단계였기 때문에 중용을 받지는 못했다. 다음으로 브렌던 로저스 감독은 헨더슨을 세 명의 미드필더 중 가장 아래인 6번 포지션에 기용했다. 로저스 감독은 자신이 선호하는 점유율 기반의 축구에서 6번에게 다소 정적이지만 공을 순환시키는 역할을 원했다.

이 역할에서는 상대 수비 라인을 뚫고 파이널 서드로 침투하는 움직임을 할 수가 없었는데, 이 움직임은 훗날 헨더슨의 가장 큰 강점이 되는 부분이다. 헨더슨의 안정적인 패스 스타일이 로저스 감독이 원하는 6번 역할에는 맞았지만, 팬들은 파이널 서드로 전진 패스를 할 의욕이 없어 보이는 헨더슨에게 곧 실망하게 됐다.

클로프 감독이 부임한 이후에도 헨더슨의 포지션은 달라지지 않았다. 물론 6번에게 기대하는 바는 전혀 달랐지만, 헨더슨은 클로프의 주문에도 응할 수 있었다. 그러다 2018년 파비뉴가 영입되자 헨더슨은 파비뉴에게 상당한 출전 시간을 빼앗기리라는 예상이 많았다. 하지만 헨더슨은 자신에게 가장 잘 맞는 역할인 리버풀의 두 8번 중 하나를 맡아 기량을 발휘했다. 선덜랜드 시절 두각을 나타냈던 활동량과 힘이 리버풀의 오른쪽 측면에서 알렉산더-아놀드의 하프 스페이스 쪽 움직임을 지원하는 동력이 됐다. 게다가 헨더슨은 유동적인 위치 선정으로도 팀에 기여했고, 수비 시에는 공격적인 압박으로 카운터 압박 전술의 핵심 역할을 했으며, 빌드업 상황에도 깊게 관여했다. 2019/20 시즌 헨더슨은 90분당 69.44회의 패스로 팀 내에서 판데이크, 고메스에 이은 3위를 기록했다. 파이널 서드 지역으로의 패스는 90분당 11.97회로 팀 내 1위다. 로저스 감독 밑에서 전진 패스가 부족했던 것은 결국 선수의 능력이나 투지 부족이 아닌 전술적인 지시 때문이었던 것으로 보인다.

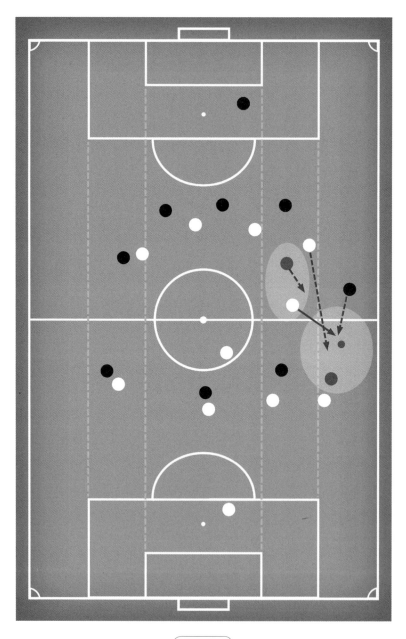

그림 46

헨더슨은 리버풀에서 가장 저평가된 선수 중 하나다. 그는 공격과 수비 모두에서 상당한 활약을 펼치며 전술적으로 중요한 역할을 수행한다. 수비 시에는 왕성한 활동량을 바탕으로 자기 골문을 향해 달려가면서도 안정적인 수비를 하고, 압박으로 상대가 전진할 기회를 막아서기도 한다.

그림 46은 헨더슨이 수비 상황에서 헌신적인 움직임으로 포지션을 회복하는 장면이다. 2019/20 시즌 노리치 시티와의 맞대결인데, 리버풀의 공격이 득점 기회로 연결되기 전에 차단되고 말았다. 공을 빼앗은 노리치 선수가 직접 전진을 시도하다가 하프 스페이스에서 알렉산더-아놀드의 압박에 막히면서 공격의 템포가 느려진다. 하지만 공이 측면의 동료에게 연결되면서 다시금 노리치가 공격에서 수적 우위를 점할 수 있는 상황으로 전개된다.

이때 헨더슨이 수비를 하러 달려와 상대 선수의 돌파를 막아선 뒤 공을 빼앗아서 혼자 힘으로 역습을 시작한다. 헨더슨은 빠른 공수 전환 능력이 탁월한 선수다. 그가 역습에 나서면 실용적인 역할을 맡은 미드필더인 파비뉴와 베이날뒴은 좀 더 수비적인 움직임을 취한다.

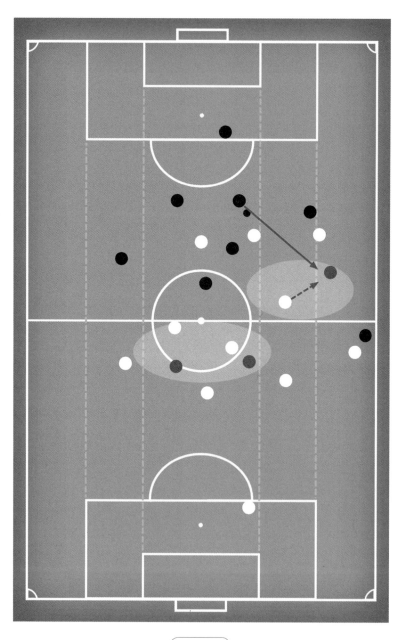

그림 47

그림 47은 헨더슨이 압박으로 상대의 빠른 역습을 저지하는 장면이다. 이번에도 다른 두 명의 미드필더들은 뒤쪽으로 물러나 자리를 잡은 채로 압박에는 가담하지 않는다. 이것이 클로프 감독이 지휘했던 도르트문트와 리버풀의 압박 구조에서 나타나는 가장 큰 차이 중 하나다. 리버풀의 압박이 훨씬 더 계산적이다.

헨더슨이 공을 향해 다가가며 공간을 차단하고 압박을 가하자, 상대는 측면으로 패스할 수도 없고 전진할 수도 없게 됐다. 이 압박은 공을 빼앗기 위한 목적이 아니라 상대의 공격을 지연시키려는 효과적인 전략이다. 이로써 전방에 있던 공격수들이 내려와서 수비에 가담하고, 그러자 리버풀은 공을 빼앗을 수 있게 됐다. 이러한 카운터 압박은 상황에 따라 다양한 형태로 펼쳐지지만, 어떤 형태에서든 압박해서 공을 빼앗는 헨더슨의 능력만큼은 확실히 뛰어나다.

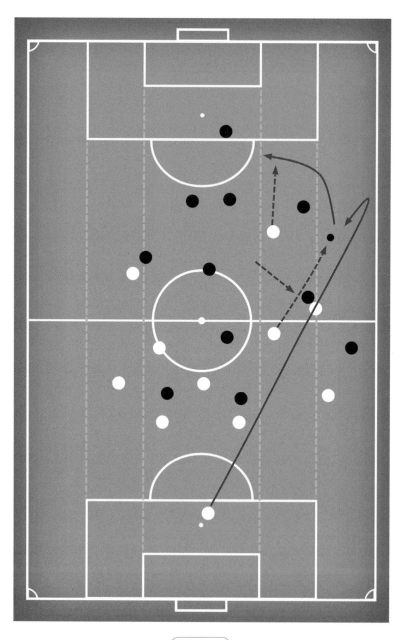

그림 48

헨더슨의 성실한 움직임은 공격 시에도 마찬가지로 도움이 된다. 빠르게 넓은 지역을 커버하는 움직임으로 리버풀의 공격에 역동성을 더해주기 때문이다. 이러한 모습을 역습 상황인 그림 48에서 볼 수 있다.

골키퍼가 상대 진영까지 길게 패스를 시도하고, 피르미누가 패스를 받으러 중원까지 내려오면서 상대 수비수를 끌고 나왔다. 피르미누가 공을 확보하지는 못했지만, 헨더슨이 달려가서 오른쪽 측면으로 흐른 공을 잡아낸다.

그는 측면에서 공을 확보한 것에 그치지 않고, 상대 수비 뒷공간을 향해 패스까지 시도할 수 있는 선수다. 피르미누가 수비를 끌고 내려오며 생긴 공간에는 살라흐가 서 있다가 헨더슨이 공을 잡자마자 전방으로 침투한다. 그에 맞춰 헨더슨의 감아 찬 패스가 들어가고, 살라흐는 득점 기회를 잡게 된다.

이렇듯 헨더슨은 재빠른 움직임으로 넓은 지역을 커버하며 공격 시에나 수비 시에나 효과적으로 경기에 기여한다.

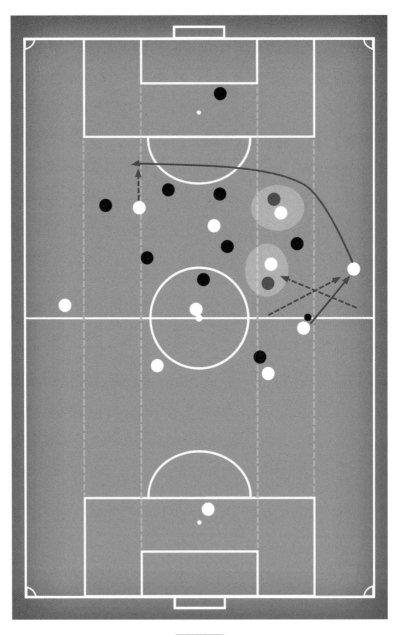

그림 49

그림 49는 헨더슨이 빈 공간으로 움직여서 경기를 장악하는 또 다른 장면이다.

알렉산더-아놀드가 이제는 자신의 원래 자리와도 같은 하프 스페이스로 움직이면서 상대 수비를 끌고 가자, 헨더슨은 측면으로 빠져서 공격의 폭을 유지하고 중앙 지역에 너무 많은 선수가 모여있지 않도록 한다. 이 메커니즘은 이미 충분히 다룬 바 있다. 이는 리버풀이 상대 수비의 측면 간격을 벌려서 공격수들이 침투할 공간을 만드는 데 아주 중요한 메커니즘이다.

이 사례에서도 헨더슨은 패스를 받은 뒤 상대 수비 뒷공간의 핵심 지역으로 길게 패스를 보낸다. 휘어 들어간 공은 상대 골키퍼와 수비진 사이로 떨어지고, 두 수비수 사이에 있던 마네가 달려 들어가며 이 패스를 받는다.

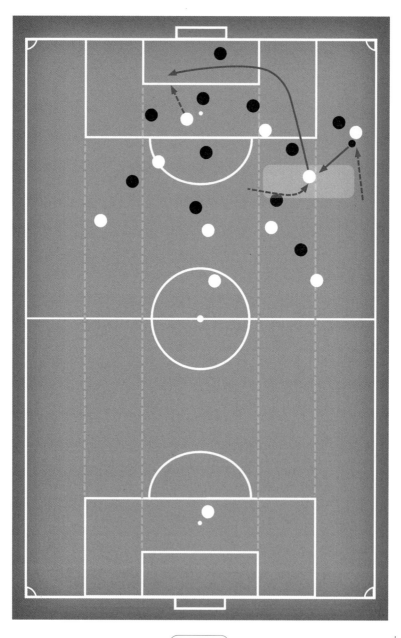

그림 50

리버풀의 공격 구조에서 헨더슨이 장악하는 또 하나의 중요한 공간은 페널티 지역 바깥쪽이다. 헨더슨은 공 뒤쪽, 크로스를 올릴 수 있는 자리에서 공격을 지원하는 역할을 맡는다. 그림 50은 사우샘프턴과의 경기 장면이다. 오른쪽 측면의 알렉산더-아놀드에게 패스가 이어졌고, 그는 평소처럼 안쪽으로 움직이는 대신 바깥쪽으로 전진했다. 하지만 상대 수비가 따라붙어서 페널티 지역 안으로 크로스를 올리기가 어려워졌다.

이때 헨더슨이 지원에 나선다. 그는 크로스를 올릴 수 있는 각도에서 자리하고 있다가, 패스가 오자마자 자신의 트레이드마크인 감아 차는 크로스를 반대쪽 골대를 향해 올린다.

만약 리버풀의 공격 속도가 느려졌을 때는 헨더슨이 한 박자 늦게 페널티 지역 안까지 빠르게 침투하는 움직임으로도 공격을 지원한다. 이처럼 헨더슨은 측면에서든 중앙에서든 다양한 움직임으로 리버풀의 공격이 상대 페널티 지역 안까지 진입할 수 있도록 돕는다.

Chapter 10
파비뉴

2019/20 시즌 리버풀에는 혼자 힘으로 승리를 이끌 수 있는 월드클래스 선수가 즐비했다. 골문을 지키는 알리송 베케르(Alisson Becker) 골키퍼부터 수비진의 판데이크, 공격 삼각 편대인 마네, 살라흐, 피르미누까지 구단의 영리한 영입 전략은 성공의 주춧돌이 됐다. 하지만 성공의 기반을 마련한 선수는 이 다섯 명이 아니라 브라질 국가대표 미드필더인 파비뉴라고 해도 과언이 아니다. 앞서 언급한 다섯 선수가 각각 수비와 공격에서 기여하는 바도 물론 중요하지만, 이들만큼 공격과 수비에서 임팩트를 발휘하는 선수는 파비뉴뿐이다. 그는 위치 선정, 압박, 경기의 흐름을 읽는 능력까지 수비에 필요한 장점은 모두 갖추고 있어 리버풀이 공격 시에 더 전진할 수 있게 해준다.

상대가 공을 빼앗아 역습에 나설 때면 파비뉴는 중앙이든 측면이든 커버할 수 있는 능력이 있다. 공격할 때도 경기를 조율하는 동시에 중앙에 위치하여 그를 축으로 파이널 서드에서 로테이션 움직임이 이뤄진다. 이렇게 다재다능한 모습으로 파비뉴는 공격과 수비 모두에서 매우 인상적인 활약을 보여줬다. 몇 년 전만 해도 그가 미드필더보다 라이트백으로 뛰는 게 더 좋다며 불만을 가졌던 선수라는 것을 믿기가 어려울 정도다.

파비뉴는 플루미넨세 유소년팀 출신이지만, 1군에 진입하는 대신 2012년에 포르투갈의 히우 아베로 이적했다. 그런데 입단 몇 주 만에 스페인의 거함 레알 마드리드로 임대됐는데, 이는 그가 최고 수준의 무대에서 뛸 준비가 됐기 때문이 아니라 레알 B팀에서 라이트백을 맡아 하부 리그에서 경험을 쌓기 위해서였다. 파비뉴가 B팀에서 확실한 잠재력을 보여주자, 당시 1군 감독이던 조제 무리뉴(José Mourinho)가 그를 발탁해서 데뷔전을 치를 기회를 줬다. 그러나 그 이상의 기회를 잡지 못한 채 파비뉴는 시즌을 마치고 히우 아베로 돌아왔다. 레알이 그의 영입에 관심을 보이기도 했지만, 결국 최고 수준의 구단에서 확실한 이적 제의는 없었다. 이때 파비뉴는 프랑스의 AS 모나코로 2년간 임대됐고, 2015년에 완전 이적까지 이뤄냈다.

당시 파비뉴는 이미 유럽 5대 리그 소속 팀의 1군에서 뛸 준비가 되어 있었고, 모나코에서 빠르게 비중을 늘려갔다. 하지만 이때 파비뉴는 포지션을 바꿔 오늘날과 같이 수비형 미드필더를 소화하게 된다. 이제 와서 돌아보면 그가 라이트백으로서 좋은 활약을 펼칠 수 있었던 이유를 쉽게 짐작할 수 있다. 이는 그가 스피드와 힘이 좋고, 다리가 길어서 공수 전환도 빠르게 할 수 있었기 때문이다. 이 때문에 브라질 국가대표 라이트백으로 활약했던 마이콘(Maicon)과 비슷하다는 평가를 받기도 했다. 하지만 모나코 코치진은 파비뉴가 뛰어난 신체 능력은 물론 높은 축구 지능까지 갖추고 있어 수비형 미드필더로의 잠재력이 무궁무진하다고 판단했다. 파비뉴는 이러한 변화를 처음엔 달가워하지 않았고, 라이트백으로 꾸준하게 뛰지 못하면 브라질 대표팀에 발탁될 가능성도 줄어든다고 생각했다. 실제로 모나코와의 재계약 협상 도중에 대리인에게 라이트백으로 기용한다는 조항을 넣도록 부탁하기도 했다. 결국 이 요구는 현실로 이뤄지지 않았지만, 파비뉴는 수비형 미드필더는 물론 센터백까지 소화하며 모나코가 2016/17 시즌 챔피언스리그에서 준결승까지 오르는 데 힘을 보탰다.

언론 보도를 보면 빅 클럽 사이의 선수 이적에는 긴 과정이 필요해 보이지만, 2018년 5월 당시 파비뉴의 리버풀 이적은 순식간에 이뤄졌다. 두 구단이 3900만 파운드의 이적료에 합의한 뒤 곧바로 영입이 발표된 덕분에 파비뉴를 둘러싼 이적 루머도 거의 나오지 않았다.

리버풀 구단 수뇌부는 파비뉴를 둘러싼 영입 경쟁이 심하지 않은 상황에 놀랐다고 한다. 파비뉴의 영입과 함께 챔피언스리그와 프리미어리그를 연달아 제패했으니, 데이터를 기반으로 한 리버풀의 선수 탐색과 영입 능력 수준은 매우 높다고 할 수 있다.

클로프 감독이 지휘하는 리버풀에서 파비뉴는 뛰어난 신체 능력으로 수비 시에는 공간을 장악하고, 공격 시에는 경기의 흐름을 읽다가 알맞게 파이널 서드로 전진해서 공격수들과 연계 플레이를 펼치는 핵심 선수로 자리 잡았다.

KING KLOPP

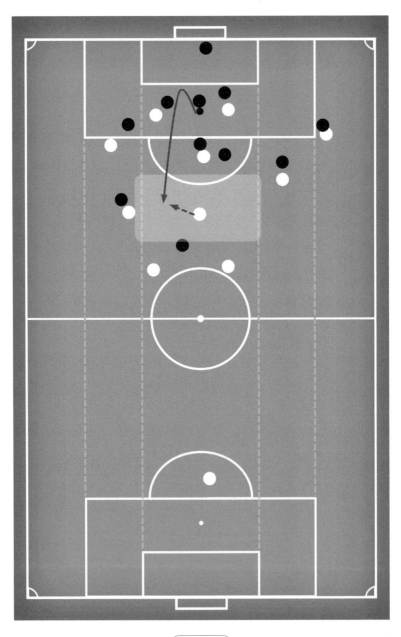

그림 51

그림 51은 파비뉴가 공격을 위해 전진한 동료들이 남겨둔 공간을 커버하는 모습으로, 그가 왜 리버풀에서 그렇게 중요한 존재인지를 보여준다. 파비뉴는 민첩한 움직임과 넓은 커버 범위로 리버풀의 공격 기반을 탄탄하게 만든다. 상대가 공을 걷어내더라도 그가 다시 공을 잡아서 공격의 기점 역할을 하는 것이다. 그와 동시에 전방에서 공을 잡고 있던 동료가 백패스를 할 수 있도록 해서 공격의 방향을 바꾸기도 한다.

이 예시에서도 리버풀은 상당히 많은 선수들이 전진해 있다. 상대 페널티 지역 안팎으로 다섯 명의 선수가 자리하고 있으며, 나머지는 이들을 지원하고 있다. 그 결과 당연하게도 상대 수비는 블록을 제대로 유지할 수 없게 되고, 페널티 지역에서 공을 걷어낸다고 해도 이를 쫓아가서 잡을 선수가 부족해지는 것이다.

이때 파비뉴의 진가가 발휘된다. 상대가 공을 걷어내면 재빠르게 움직여 그 공을 잡아내고, 다시 상대 페널티 지역 안으로 공을 투입해 공격을 이어갈 수 있도록 한다. 파이널 서드에서 넓은 지역을 커버하며 수비 전환 시에 상대의 공을 빼앗는 능력 덕분에 리버풀은 상당히 높은 위치에서 공격 형태를 구성할 수가 있는 것이다.

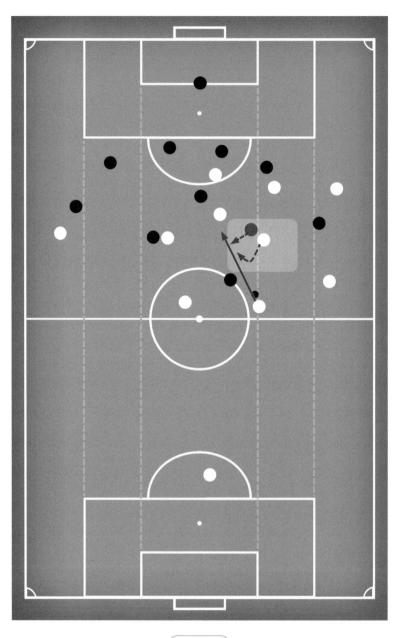

그림 52

리버풀에서 파비뉴의 핵심 역할은 공간을 통제하는 것이고, 이를 위해서는 높은 지역에서 빠른 카운터 압박을 통해 공격적으로 공을 빼앗는 능력이 필요하다. 우리는 앞서 압박과 카운터 압박의 중요성에 대해 살펴봤는데, 이는 파비뉴의 수비 임무에서 핵심적인 부분이다.

그림 52는 파비뉴가 최대한 빨리 공을 다시 빼앗기 위해 카운터 압박을 하는 모습이다. 마티프가 상대 선수를 뚫는 패스를 동료에게 이어주려 하지만, 그다지 좋지 못한 패스 탓에 가로채기를 당한다. 그 순간 리버풀의 수비 조직은 불안정한 상태다. 클로프 감독의 공격 모델에서 리버풀은 상대 수비를 효과적으로 무너뜨리기 위해 많은 선수들이 빠르게 전방으로 전진하는데, 이는 수비 시에 커버가 부족한 결과로 이어지기도 한다.

따라서 판데이크나 파비뉴 같이 신체 능력이 뛰어난 선수들이 부족한 커버를 메워야 한다. 두 선수 모두 넓은 지역을 커버할 수 있고, 위험한 상황이 되기 전에 경기의 흐름을 읽고 움직이는 지능과 본능을 갖추고 있다.

이 사례에서는 상대 선수가 공을 가로채자 파비뉴가 바로 반응해서 뒤따라오고, 상대가 첫 패스를 시도하기도 전에 태클로 공을 빼앗았다. 이렇게 혼란스러운 상황까지도 통제할 수 있는 선수의 존재는 리버풀에게 무척 중요하다.

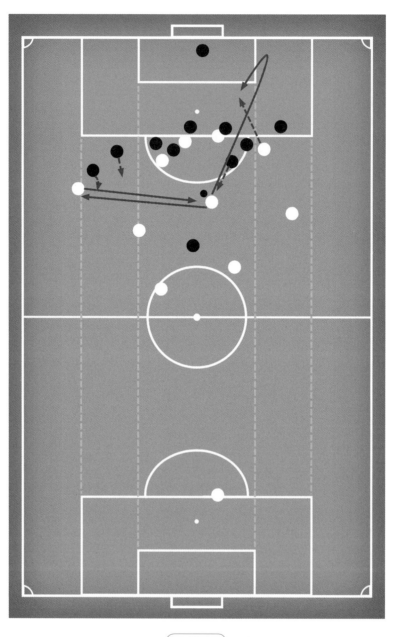

그림 53

그림 53은 파비뉴가 공을 빼앗아 상대 페널티 지역 안으로 투입하는 장면이다.

파비뉴가 공을 빼앗았을 때 상대는 페널티 지역 안까지 깊게 내려서서 촘촘한 수비 조직을 유지하고 있어 공간이 보이지 않는다. 따라서 파비뉴는 곧바로 패스를 시도하는 대신, 자신과 같은 선상에 있던 레프트백과 침착하게 패스를 주고받는다.

이는 단지 공의 소유권을 유지하기 위한 패스지만, 그와 동시에 상대 수비를 끌어내기 위한 의도도 있다. 상대가 압박을 하러 나오자, 파비뉴는 상대 수비진 너머로 패스를 시도할 수 있게 됐다. 이때 오른쪽 페널티 지역 외곽으로 나와 있던 공격수가 그 공간으로 침투하며 파비뉴의 패스를 받는다.

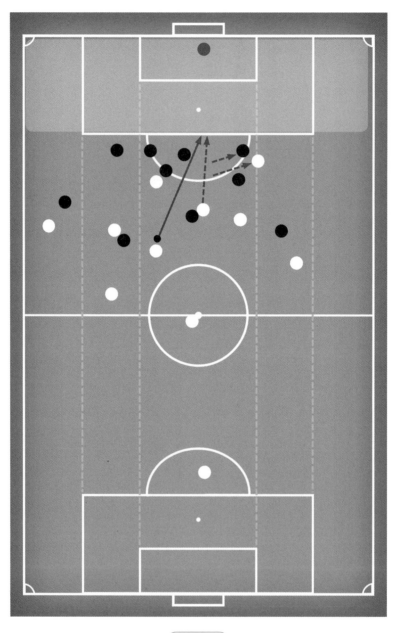

그림 54

파비뉴는 리버풀에서 수비 시 위치 선정으로 중요한 역할을 수행하는 것뿐만 아니라, 공격 시에도 공의 전진에 깊게 관여한다.

그림 54는 파비뉴가 파이널 서드 진입 지점에서 공을 가진 모습이다. 미드필더에게는 상대 라인을 뚫는 패스가 중요한데, 이는 효과적으로 공을 전진시켜 수적 우위를 확보하고 상대 수비 조직을 무너뜨릴 수 있기 때문이다.

살라흐가 오른쪽 페널티 지역 바깥쪽으로 움직이고, 상대 수비가 이를 따라가면서 약간의 공간이 생겼다. 이때 파비뉴가 상대 수비 블록을 뚫고 그 공간으로 전진 패스를 시도한다. 이 한 번의 패스로 상대 팀의 필드 플레이어 모두를 제친 셈이 됐고, 피르미누가 페널티 지역 안으로 달려가며 패스를 받아 득점 기회를 맞이한다.

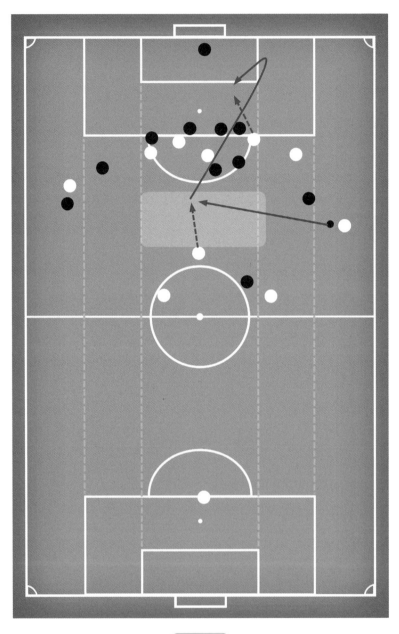

그림 55

파비뉴는 언제 어떻게 공격에 가담해야 하는지를 잘 이해하고 있는 움직임으로 강한 인상을 남겼다. 그림 55는 리버풀이 전진한 상태에서 공격 폭까지 넓게 가져간 모습으로, 상대는 수비를 위해 물러날 수밖에 없는 상황이다.

오른쪽의 알렉산더-아놀드에게 공이 연결되자 상대가 빠르게 따라붙어 페널티 지역 안으로 패스가 투입되지 못하도록 막는다.

이때 파비뉴는 수비 커버를 위해 후방에 위치하고 있다가, 공이 페널티 지역까지 들어갈 길이 보이지 않자 앞쪽 공간으로 전진해서 알렉산더-아놀드의 패스를 받는다. 그는 패스를 받은 뒤 상대 수비와 골키퍼 사이로 로빙 패스를 시도하여 찬스를 만든다.

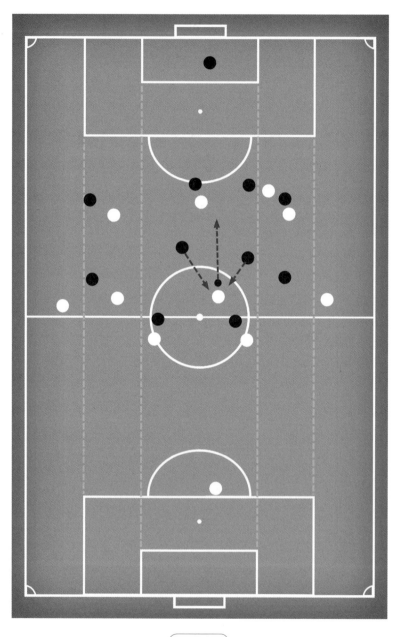

그림 56

파비뉴는 다재다능한 기술을 보유하고 있는 덕분에 효과적인 활약을 펼칠 수 있는 선수다. 수비 시에는 압박에 능한 동시에 패스 경로를 차단할 줄도 알고, 공격 시에는 상대 수비를 뚫는 패스를 하면서 공이 순환될 수 있도록 위치 선정도 잘한다.

게다가 파비뉴는 신체 조건이 뛰어난 선수라서 직접 공을 갖고 전진하며 상대 압박에 맞부딪힐 때도 위력적이다. 그는 긴 보폭을 효과적으로 이용해서 상대 수비를 돌파한다.

이러한 장면을 그림 56에서 볼 수 있다. 파비뉴는 중앙 지역에서 공을 갖고 있고, 앞에서 상대 선수 두 명이 압박을 해온다. 하지만 파비뉴는 압박이 들어와도 편안하게 공을 다룰 수 있다. 그는 압박해오는 두 명의 상대를 따돌리며 총 네 명이 서 있던 상대 미드필드 라인을 단숨에 돌파해내고, 그 즉시 리버풀은 상대 수비보다 수적 우위를 점하며 득점 기회를 만들게 된다.

Chapter 11
나비 케이타

리버풀 팬들은 공을 갖고 전진해서 상대를 뚫을 수 있는 미드필더가 한 명만 있다면 팀이 한 단계 발전할 수 있다는 생각을 가져왔다. 2017년 8월 당시 기니 국가대표 미드필더인 나비 케이타(Naby Keïta)를 영입할 당시의 기대가 바로 그랬다. 리버풀은 그를 영입하기 위해 4800만 파운드의 이적료를 RB 라이프치히에 지급했고, 값비싼 이적료에 걸맞게 케이타가 클로프 감독이 지휘하는 리버풀의 마지막 퍼즐 조각이 되리라는 예상이 많았다.

케이타가 어떤 유형의 선수인지, 그리고 잉글랜드 무대에서 어떠한 점들 때문에 기량을 발휘할 수 없었는지를 이야기하기에 앞서, 먼저 그가 리버풀 입단까지 걸어온 길을 살펴보겠다.

케이타가 선수로서 이룬 발전의 대부분은 오스트리아의 레드불 잘츠부르크에서였다. 그는 기니에서 프랑스를 통해 유럽으로 진출했는데, 목적지는 2부 리그에 속한 중소 구단인 FC 이스트르였다.

케이타 정도의 잠재력을 갖춘 유망주라면 보통 다른 유럽 국가를 거치지 않고 곧바로 오스트리아 무대로 진출하곤 한다. 잘츠부르크는 케이타 외에 디아디에 사마세쿠(Diadie Samassékou), 아마두 아이다라(Amadou Haidara) 같은 서아프리카 선수들을 영입해 성공을 거두기도 했다. 하지만 케이타가 기니 무대에서 활약하다가 프랑스로 이적할 당시에는 지금처럼 서아프리카 지역에서 스카우트가 활발하지 않았다. 그는 로리앙과 르망에서 입단 테스트를 받았으나 계약을 거절당했고, 결국 이스트르에 입단하게 된다.

그리고 프랑스에서 뛴 지 1년 만에 이스트르는 2부 리그에서 강등을 맞이했다. 그럼에도 케이타는 중원에서 팀을 이끄는 인상적인 활약을 펼쳤고, 이 때문에 3부 리그에서 시즌을 맞이하는 이스트르에 잔류하기는 어려워졌다. 이때 잘츠부르크가 150만 파운드에 못 미치는 이적료를 투자해 그를 영입했다.

케이타의 진가가 대중들에게 제대로 인식되기 시작한 것은 잘츠부르크 시절이다. 그는 세 명의 미드필더 혹은 다이아몬드 형태 미드필더의 왼쪽을 맡아서 경기를 지배했고, 현대 축구에서 미드필더에게 요구되는 기술들을 완벽에 가깝게 갈고닦았다. 특히 중원에서부터 공을 갖고 전진하는 플레이는 오스트리아 리그의 지배자인 잘츠부르크에 중요한 요소였다. 상대 팀이 대부분 뒤로 물러나서 촘촘한 수비 블록을 형성하는 상황에서 케이타 같은 선수가 중원에서 수비 한 명을 따돌리고 전진하기 시작하면 상대 수비 조직에 혼란을 줄 수 있기 때문이다.

중원에서 상대를 따돌리게 되면 수비 위치에 있던 다른 선수가 나와서 케이타를 막아야 한다. 그러면 자연스럽게 상대 페널티 지역 주위에 공간이 생겨 동료 공격수들이 이를 공략할 수 있게 된다.

케이타는 오스트리아 무대에서 2년간 활약을 펼친 뒤 같은 레드불 그룹에 속한 독일 분데스리가의 라이프치히로 예견된 이적을 한다. 이적료는 2700만 파운드였다.

분데스리가에서도 케이타는 수준을 끌어올려 리그에 완벽하게 적응했다. 활발한 움직임과 수비 시의 꾸준한 압박은 라이프치히가 원하는 경기 스타일과 꼭 맞았다. 독일에서 더 발전한 부분은 공격력이다. 케이타는 득점 기회를 만드는 것은 물론이고 어느 때보다 많은 골을 터트리기 시작하며 공격 작업의 중심으로 자리 잡았다.

독일에서는 구단 이름에 기업을 표기할 수 없기 때문에 RB 라이프치히라는 이름을 사용하지만, 레드불 산하 구단들의 경기 스타일은 널리 알려져 있다. 수비 시에 적극적인 압박을 가하고 공격에서는 수직적인 축구를 구사하는 콘셉트는 클로프 감독이 지휘하는 리버풀과도 완벽하게 어울린다. 따라서 라이프치히가 팀의 스타 미드필더인 케이타에 대한 영입 제의를 받겠다는 뜻을 나타냈을 때 리버풀이 가장 적극적으로 나선 것은 당연한 일이었다.

루머 없이 조용하게 진행됐던 파비뉴 영입과는 달리, 케이타 영입에는 여러 차례의 협상이 이어졌다. 리버풀은 판데이크 영입과 함께 케이타의 영입도 발표했고, 케이타는 2017/18 시즌을 라이프치히에서 마친 뒤에 리버풀에 합류하기로 했다.

앞서 언급했듯이 케이타는 현대 축구에 완벽하게 어울리는 미드필더다. 무게 중심이 낮고 균형 감각이 좋아서 좁은 공간에서도 공을 잘 다루고, 그 덕분에 상대의 압박을 잘 견디다가 돌아서는 동작으로 수비를 제치고 공간을 만들 수 있다. 또한, 케이타는 매우 공격적인 선수라서 직접 공을 갖고 올라가거나 패스 연결의 중심 역할을 하면서 상대 수비 라인을 무너뜨린다.

하지만 다른 미드필더와 비교해 패스 성공률이 높지는 않은데, 이는 그가 안전한 패스를 거의 선택하지 않기 때문이다. 그 대신 직접 전진하거나 전방으로 패스를 보낼 길을 찾는다.

케이타는 리버풀이 중앙 미드필더에게 요구하는 모든 조건을 갖춘 선수인데 왜 아직까지 성공을 거두지 못했을까? 가장 큰 문제는 끊임없이 이어진 부상과 그 후유증으로 1군 수준의 경기를 꾸준하게 소화하지 못했다는 것이다. 하지만 이 부상들은 케이타의 능력 자체에 지장을 줄 만큼 심각하진 않기 때문에 리버풀이 그의 훈련량을 조절해서 몸을 관리해주면, 좋은 활약을 펼칠 수 있을거라 생각한다.

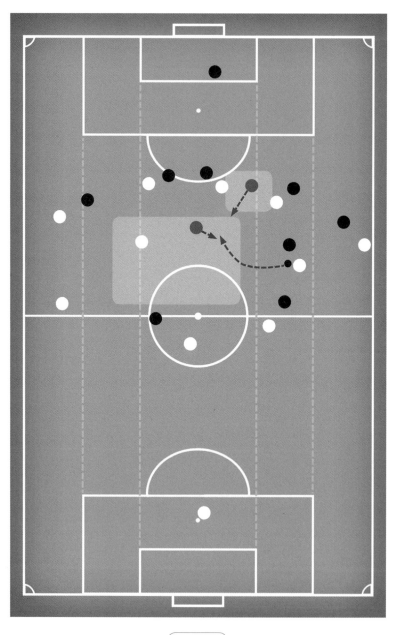

그림 57

리버풀의 미드필드에 케이타가 가세하면 공격 작업은 완전히 차원이 달라진다. 헨더슨과 베이날둠도 공을 갖고 전진하거나 패스로 공을 순환시킬 능력을 갖추고 있지만, 케이타만큼 직접적으로 상대와 맞서 돌파를 해낼 수 있는 선수들은 아니기 때문이다.

케이타의 일대일 돌파 능력은 경기 양상을 완전히 바꿔놓을 수 있고, 리버풀이 촘촘한 상대 수비를 뚫는 기폭제가 될 수 있다.

그림 57은 케이타가 오른쪽 하프 스페이스에서 공을 갖고 상대 미드필더와 맞선 모습이다. 상대는 공간을 막아서며 압박을 시도하지만, 케이타는 압박을 견디는 능력이 뛰어난 미드필더 중 하나다. 그는 상대가 가까이 와서 접촉하기를 기다렸다가 낮은 무게 중심을 활용해 돌아서서 상대를 제치고 가속도를 붙여 전진해 공간을 공략한다.

이러한 움직임이 리버풀에 어떠한 영향을 줄지를 생각해보자. 마네, 살라흐, 피르미누 모두가 중앙 지역에 자리하고 있는 상황에서 케이타 같은 선수가 전진해 파이널 서드에 진입하면 수적 우위를 점할 수 있다.

이 사례에서 케이타는 두 명의 상대 수비를 끌어들이게 되고, 리버풀 공격진은 중앙 지역이나 페널티 지역 모서리에서 수적 우위를 점하며 득점 기회를 만든다.

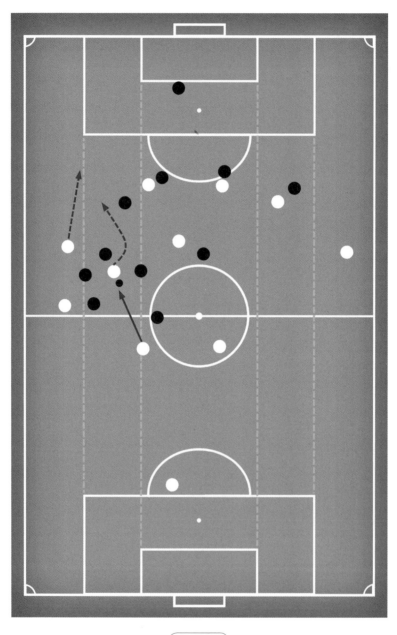

그림 58

케이타는 압박에 잘 견디는 선수이기 때문에 이미 상대 수비가 붙어 있는 상황에서도 패스를 받을 수 있다. 이는 깊게 내려서 수비하는 팀을 상대할 때는 물론이고, 리버풀에 맞서 압박을 해오는 팀을 상대할 때도 공을 전진시키는 데 유용하다.

이를 그림 58에서 확인할 수 있다. 케이타가 패스를 받을 때 이미 상대 수비 세 명이 그를 둘러싸고 전진하지 못하도록 막고 있다. 수비진에 백패스를 해줄 수도 있지만, 케이타는 굉장히 공격적인 선수이기 때문에 어떻게든 공을 전진시킬 방법을 찾는다.

이번에도 케이타는 공을 멈춰두고 상대가 가까이 오기를 기다린다. 상대한 명이 가까이 붙자 케이타는 몸을 돌린 뒤 빠르게 속도를 올려 남은 두 명의 상대 수비 사이로 돌파해 들어간다. 이 작은 움직임만으로 전방 압박에 나선 상대 수비 전체를 완전히 제친 것이다.

케이타가 탈압박에 성공한 뒤 하프 스페이스에서 전진을 계속하는 가운데 상대 수비수는 마네를 막고 있어야 하고, 왼쪽 측면에서 로버트슨까지 전진하면서 리버풀의 공격은 순식간에 3대1의 수적 우위를 점하게 된다.

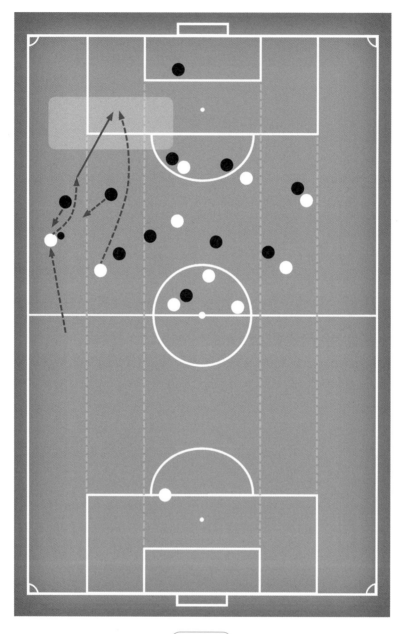

그림 59

그림 59는 케이타의 드리블 돌파가 상대 수비진에 얼마나 큰 타격을 가하는
지를 보여준다. 이번에는 왼쪽 측면에서 돌파를 시도하는데, 이를 막기 위
해 상대 수비가 자리를 이동해야 하는 상황이 됐다.

케이타는 이런 상황에서 으레 그러듯 상체를 더 낮추며 속도를 올려 돌파
를 해냈고, 이로써 곧바로 위협적인 기회가 만들어졌다. 또 다른 수비수가
케이타를 막으러 나오면서 공간이 만들어진 것이다.

이 상황을 천천히 분석해보자. 공은 파이널 서드로 진입했고, 한 명의 상
대 수비는 이미 돌파됐으며, 또 다른 상대 수비수 한 명이 자리를 비우고 나
왔다. 그러자 로버트슨이 안쪽으로 움직이며 상대 수비수가 비운 자리로 전
진했고, 리버풀은 순식간에 왼쪽 측면에서 상대 수비를 완전히 돌파한 셈이
됐다.

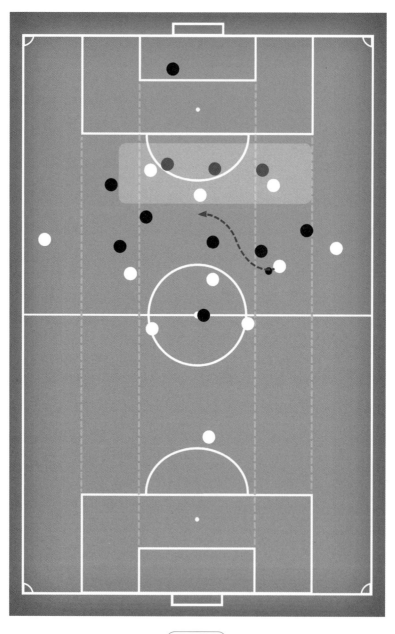

그림 60

케이타는 미드필드 라인에서 다양한 포지션을 편안하게 소화하며 어느 위치에서든 상대 수비를 돌파할 수 있는 선수다.

그림 60을 보면 케이타가 오른쪽 하프 스페이스에서 공을 갖고 있는데, 이때 가까운 위치의 상대 선수가 압박에 나선다. 그러자 케이타는 재빨리 안쪽으로 이동하여 한 명을 제친 다음, 자신을 압박해오는 두 번째 선수까지도 쉽게 제쳐버린다. 이렇게 두 명의 상대를 따돌리는 움직임 덕분에 또다시 리버풀은 파이널 서드 중앙 지역에서 수적 우위를 점한 채로 상대 수비진을 뚫고 페널티 지역 안으로 진입을 시도할 수 있게 된다.

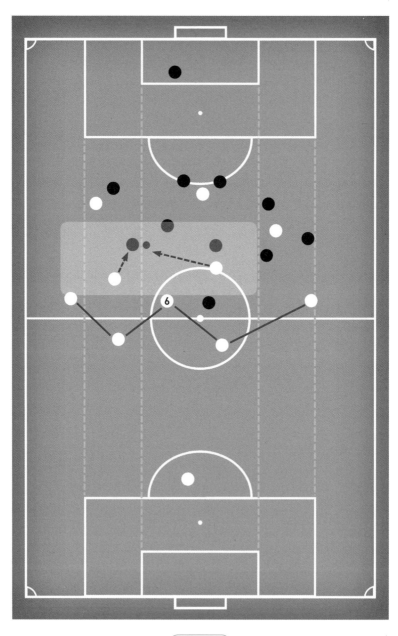

그림 61

수비 상황에서 케이타는 베이날둠과 다른 특성을 가진 선수다. 따라서 그를 왼쪽 미드필더로 배치할 때는 미드필드 구성에 변화가 필요하다. 베이날둠은 수비 형태를 유지하며 상대의 패스 길을 차단하는 반면에, 케이타는 전진해서 공을 가진 상대를 압박하려 한다.

케이타가 헨더슨과 함께 출전할 경우에는, 두 선수 모두 전방에서 압박을 가하고 공수 전환 시에 빠르게 움직이기 때문에 리버풀의 미드필드 특성이 완전히 바뀐다. 그림 61은 상대가 미드필드 지역에서 공격 빌드업을 하는 상황이다. 6번 자리의 파비뉴가 상대적으로 깊게 내려서 수비진과 함께 5백을 구성하고 있다. 그 덕분에 왼쪽의 케이타, 오른쪽의 헨더슨은 공을 가진 선수를 따라다닐 수 있게 된다. 케이타는 레드불 산하 두 구단에서 적극적인 압박을 해온 선수이기 때문에 상대에게 쉽사리 돌파를 허용하지 않는다.

Chapter 12
사디오 마네

리버풀 선수 개개인을 다루면서 흥미로운 점은 많은 핵심 선수들이 단계별로 차근차근 성장한 끝에 최고 수준이 되어 리버풀에 입단했다는 것이다. 판데이크나 케이타도 그렇고, 이번 장의 주인공인 사디오 마네도 마찬가지다. 많은 선수가 최고 수준일 뿐만 아니라 차근차근 성장하며 성공을 거둬 왔기 때문에, 아직 발전 단계에 있는 어린 선수들이 본받을 수가 있다.

특히 마네는 서아프리카 선수들에게는 익숙한 발자취를 걸어왔다. 어린 시절 그는 지역 리그에서 곧바로 두각을 나타냈고, 결국 아프리카에서 가장 명망있는 축구 아카데미 중 하나인 제너레이션 풋으로 이적했다. 그곳에서 마네는 처음으로 프로의 훈련 방식을 접했고, 이러한 훈련이 놀라운 활동량과 결합되며 훗날 유럽 무대에서 활약할 선수라는 엄청난 잠재력을 보여주기 시작했다.

결국 마네는 몇 달 만에 아카데미를 떠나 프랑스의 메스로 이적했다. 당시 메스는 제너레이션 풋과 파트너십 관계를 맺고 있었고, 일찌감치 마네가 잠재력을 보여주고 있다는 이야기를 접했다. 서아프리카에서 프랑스 무대로의 이적은 선수의 발전에 있어 최선의 단계였다. 언어는 비슷하지만 더 까다로운 수준에서 경쟁할 수 있었기 때문이다. 하지만 이러한 긍정적인 환경에도 불구하고 마네는 메스에서 자리를 잡지 못했다. 마네는 자신의 발전을 위해 프랑스를 1년 만에 떠나 오스트리아로 향했고, 360만 파운드에 레드불 잘츠부르크로 이적했다. 이전 장에서 이미 잘츠부르크가 서아프리카 지역에 전보다 더 많은 관심을 두고 있다는 이야기를 다룬 바 있다. 케이타와 마네가 잘츠부르크의 시선을 돌리는 데 큰 역할을 한 것이다. 잘츠부르크는 서아프리카에서 직접 선수를 스카우트하며 다른 유럽 구단에 지불하는 이적료를 상당히 줄일 수 있게 됐다.

오스트리아에서 마네는 완성형 선수로 발전하기 시작했다. 그는 독일 감독인 로저 슈미트(Roger Schmidt) 감독 밑에서 강도 높은 전방 압박 스타일을 소화했는데, 훗날 자신이 전술적인 면에서 발전한 것은 슈미트 감독 덕분이라고 밝히기도 했다. 이때까지만 해도 마네는 상대 수비를 따돌릴 때 자신의 힘과 스피드에 의존하고 있었다.

마네는 잘츠부르크에서 공을 잡지 않은 상황에서의 전술 콘셉트를 접했고, 상대로부터 수적 우위를 점하거나 수적 우위를 일부러 내주기도 하는 등 압박을 위한 함정을 만드는 법을 배우게 된다. 오늘날 리버풀에서 마네가 보여주는 전반적인 플레이는 오스트리아 무대에서 배운 것이다. 잘츠부르크에서의 활약이 눈에 띄기는 했지만, 오스트리아 리그의 수준 때문에 마네가 더 높은 수준의 무대에서는 어려움을 겪을 수 있다고 생각하는 이들도 있었다. 다행히 리버풀에서도 성공을 거두는 결과가 됐는데, 그에 앞서 마네의 실력에 확신을 가진 구단은 바로 사우샘프턴이었다.

마네는 2070만 파운드의 이적료로 잉글랜드 무대에 입성했다. 잉글랜드 축구의 템포에도 빠르게 적응하면서 우려를 씻어낸 마네는 곧바로 사우샘 프턴 선수단에서 핵심 일원이 된다. 이후에 그는 2년 만에 다시 이적을 감행 해 엘리트 구단에 입성하게 되는데, 리버풀로 향할 당시의 이적료는 3700만 파운드에 달했다.

또다시 한 단계 높은 수준에 도전하는 것은 마네에게 문제가 아니었다. 왼쪽 측면에서 빠른 속도로 골문을 향해 달려드는 플레이는 리버풀에 새로 운 차원의 공격 옵션이 됐고, 파이널 서드에서 동료 공격수나 미드필더와 연계 플레이를 펼치는 능력도 상대 수비를 공략해서 무너뜨리는 핵심 요소 였다.

리버풀에서 마네의 중요성은 2019/20 시즌의 기록에 숨겨져 있다. 90분 당 0.57골에 기대득점 0.46xg를 기록했는데, 이는 마네가 두 경기마다 한 골 씩 터트렸다는 것을 의미한다.

마네의 플레이 스타일과 활약상을 더 잘 보여주는 기록이 있다. 이 책의 집필 시점에 마네는 90분당 드리블 돌파 4.96회에 상대 페널티 지역 내 볼 터치 5.57회를 기록 중이다. 이는 마네가 공을 잡았을 때 상대 수비를 향해 달려드는 것은 물론이고, 공이 없는 상황에서는 페널티 지역 안에서 패스를 받을 수 있도록 움직인다는 것을 보여준다. 마네의 페널티 지역 내 볼 터치 는 살라흐의 6.69회에 이은 팀 내 2위 기록이다.

살라흐는 골을 터트리는 능력으로 많은 찬사를 받는 선수이지만, 리버풀 의 공격에서 마네의 활약상과 비중 또한 인정해줘야 한다.

KING KLOPP

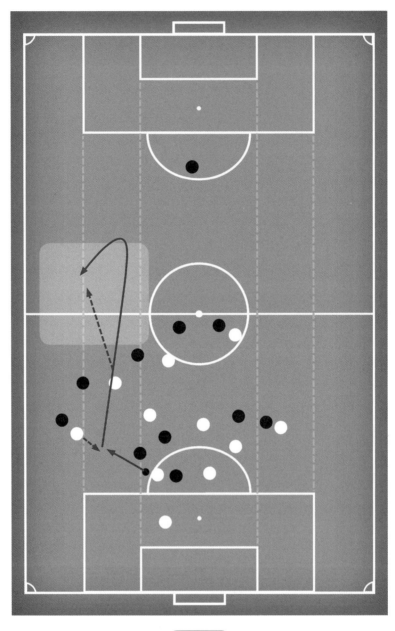

그림 62

우리는 앞서 리버풀의 두 측면 공격 수 중 마네가 수비에 훨씬 더 적극적으로 가담한다는 것을 살펴봤다. 이는 리버풀이라는 팀이 공수 전환 시에 마네가 어떻게 도움을 주는지를 보여준다. 빠른 발과 돌파 능력을 지닌 덕분에, 마네는 리버풀이 수비에서 공격으로 빠르게 전환할 수 있도록 도와주는 것이다. 수비 시에 살라흐와 피르미누는 전방에 남아 있지만, 마네가 있는 왼쪽 측면 공간은 비워져 있다. 이러한 사례를 그림 62에서 볼 수 있는데, 리버풀이 자기 진영 깊은 곳에서 공을 되찾은 상황이다.

판데이크가 공을 되찾은 순간, 상대 공격수들의 위치 선정 때문에 곧바로 수직 방향 패스를 보낼 선택지가 보이지 않는다. 대신에 레프트백인 로버트슨이 공을 향해 움직이며 판데이크의 패스를 받고, 그때서야 수직 패스 길이 열린다.

로버트슨이 전진 패스를 시도하는 즉시 마네가 열린 공간으로 달려가는 모습을 볼 수 있다. 마네가 공을 잡으려 할 때 상대 수비가 견제하지만, 그는 가속도를 활용해 수비 바깥 방향으로 돌파에 성공하고, 그 즉시 리버풀은 공격으로 전환해 득점 기회를 맞이한다. 이러한 움직임은 다분히 의도를 갖고 설계된 선택지로, 리버풀은 공을 중심으로 움직이는 팀이 전혀 아니라는 것을 보여준다. 대신에 리버풀은 끊임없이 수직 패스를 보낼 기회를 찾으려 하며 상대 수비 간격을 벌리고, 이러한 플레이 스타일에는 마네라는 공격수가 이상적인 조합인 셈이다.

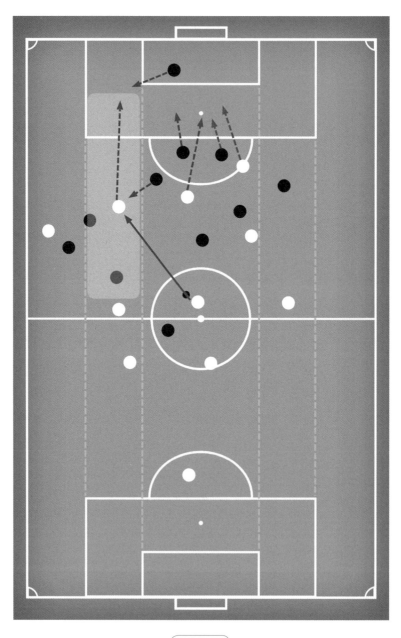

그림 63

마네는 중앙에 위치할 때 오른쪽의 살라흐보다 살짝 아래쪽으로 내려오는 경향이 있다. 이 의도된 움직임은 마네가 아래쪽에서부터 속도를 붙인 상태로 올라와 상대 수비와 맞서도록 하기 위한 것이다. 이는 상대 수비 조직 틈으로 파고드는 마네의 강점과 완벽하게 맞아떨어진다.

이러한 움직임의 예시를 그림 63에서 볼 수 있다. 마네가 왼쪽 하프 스페이스에서 살라흐나 피르미누보다 확실히 아래쪽으로 내려와 있다. 수비진에서부터 공이 올라오는 것에 맞춰 마네도 공간으로 전진하는데, 늘 그렇듯이 공간에서 공을 잡게 되면 돌아서서 상대 수비진을 향해 달려들려고 한다. 마네가 위쪽으로 전진하면서 상대 수비도 견제에 나서지만, 마네는 아래쪽에서부터 속도를 붙여온 덕분에 간단한 움직임으로 태클을 피할 수 있다. 그가 페널티 지역 안까지 진입하자 상대 골키퍼가 공을 막기 위해 골문을 비우고 나오고, 마네는 어려운 각도에서 자신이 직접 슈팅하는 대신 중앙에 있는 동료에게 순간적으로 패스를 보내는 이타적인 플레이를 펼친다.

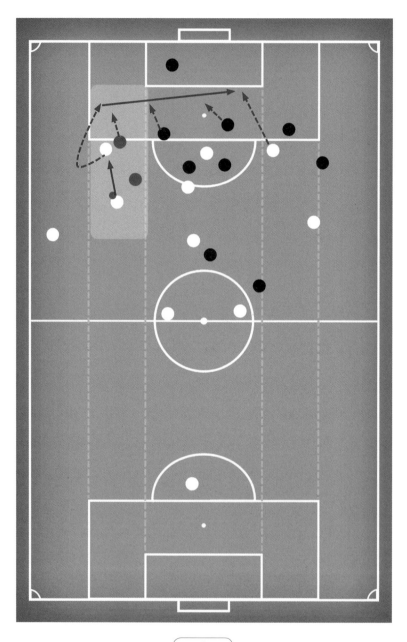

그림 64

그림 64 또한 마네가 하프 스페이스에서 얼마나 효과적으로 움직이는지를 보여준다. 그러나 이번에는 시작점이 훨씬 높은 위치다. 리버풀이 지공을 펼치는 상황, 상대 팀인 토트넘은 깊게 내려서서 자신들의 페널티 지역을 지키고 있다. 공을 잡고 있던 베이날둠이 전방을 살펴봐도 페널티 지역 안으로 쉽게 접근할 방법이 보이질 않는다. 그러자 베이날둠은 공 바로 앞에 있던 마네에게 짧은 패스를 보내 토트넘 수비수들이 원래 자리를 벗어나도록 유도한다. 그러나 마네는 패스를 받는 순간 상대 수비가 나오기를 기다리는 대신 자신을 가장 가까이에서 막던 다빈손 산체스(Davinson Sánchez)의 바깥쪽으로 측면 돌파를 시도한다. 이로써 마네는 느리고 까다로웠던 지공 상황을 벗어나 공을 상대 수비 뒤쪽 공간으로 가져가며 기회를 만들게 됐다. 마네의 돌파에 맞춰 다른 공격수들은 골문 앞으로 쇄도하고, 컷백을 받아 득점 기회가 만들어진다.

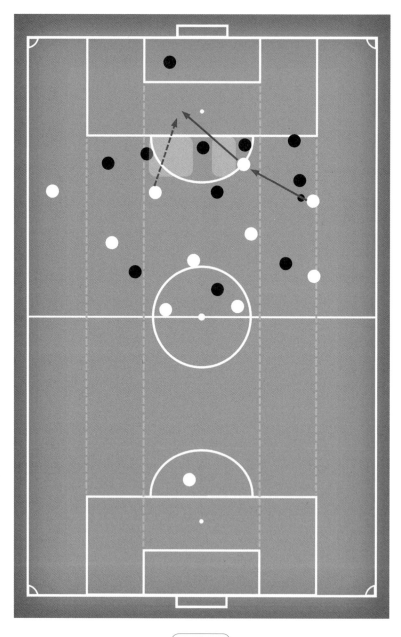

그림 65

그림 65 또한 마네가 아래쪽에서부터 공격 움직임을 가져가며 상대 수비진을 뚫는 모습을 보여준다.

리버풀은 오른쪽에서부터 공격을 시작하고, 피르미누와 살라흐는 스위치 움직임을 가져간다. 우리는 리버풀의 핵심 전술 콘셉트 중 하나가 수직성이라는 것을 기억해야 한다. 피르미누는 공을 잡자마자 중앙에 있는 살라흐의 발 밑으로 패스를 이어준다.

아직도 살라흐에 대해 패스를 하지 않는 욕심 많고 이기적이라는 믿음이 존재하는데, 사실 살라흐는 자신의 능력을 활용해 공을 슈팅할 수 있는 지역으로 가져가 기회를 만들려는 것뿐이다. 여기서 살라흐는 속도를 늦춰 동료의 지원을 기다린다. 마네는 아래쪽에서부터 올라온 덕분에 살라흐를 지나치는 순간 최고 속도에 도달한다. 살라흐는 상대 수비를 뚫는 침투 패스를 넣고, 마네는 견제 없이 달려가서 득점 기회를 맞이한다.

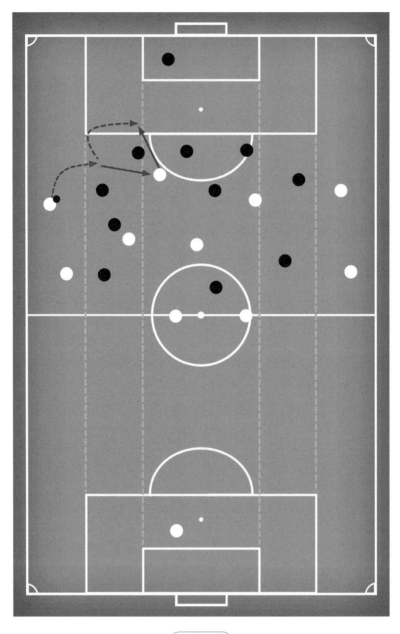

그림 66

그림 66은 마네가 측면 공간에서 공을 잡은 상황이다. 이번에도 마네는 상대 수비진을 공략하려 하고, 곧바로 가장 가까이 있던 수비수의 바깥쪽으로 돌파한다. 마네가 펼치는 플레이의 장점은 최고 속도로 움직이는 와중에도 동료와 정확한 패스를 주고받을 수 있다는 점이다. 파이널 서드에서 속도와 지능적인 플레이가 결합되는 덕분에 상대 입장에서는 마네를 막기가 어려운 것이다.

여기서 마네는 상대 수비를 제치고 페널티 지역에 접근한다. 상대 수비가 한 명 남은 상황에서 그는 빠르게 움직이면서도 피르미누를 향해 대각선 패스를 보내고, 수비가 피르미누를 따라가자 원터치 패스를 돌려받아 수비 반대 방향으로 움직인다.

이번에도 아래쪽에서부터 빠르게 움직인 덕분에 마네는 페널티 지역으로 접근할 수 있었다.

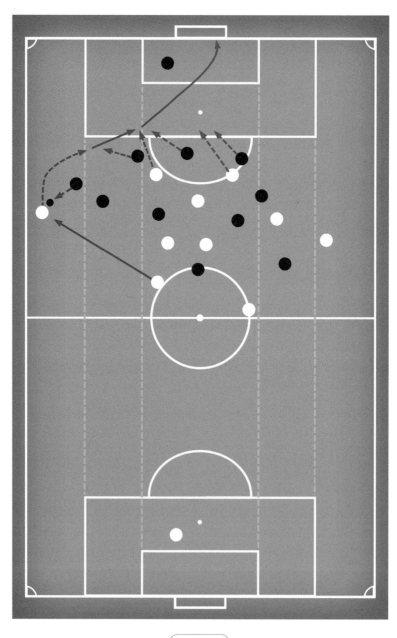

그림 67

이번 장의 마지막 예시인 그림 67 또한 리버풀이 전진하는 상황에서 하프 스페이스의 중요성을 보여준다. 이번에 마네는 슈팅 상황 이전까지는 공격 움직임에 가담하지 않는다.

리버풀의 프리킥으로부터 공격이 시작되고, 판데이크가 왼쪽 측면에 있는 로버트슨에게 패스를 보낸다. 로버트슨은 공을 받아 전진해 상대 페널티 지역 바깥쪽까지 도달하는데, 한 명의 수비수를 제치자 두 번째 수비수가 압박에 가담한다. 이러한 움직임은 다른 공격수들이 공간으로 침투할 수 있도록 한다. 리버풀은 파이널 서드에서 상대를 제칠 수 있는 선수들을 보유하고 있고, 이번에도 이 덕분에 효과적인 공격을 펼치게 됐다.

두 번째 수비수가 압박을 해오는 순간, 그 수비수가 비워둔 공간으로 마네가 움직이는 것을 볼 수 있다. 간단한 패스가 이 안쪽 공간으로 이어지고, 공을 받은 마네는 각도를 바꿔 반대편 골문을 향해 감아차는 슈팅으로 골을 터트린다.

Chapter 13
무함마드 살라흐

과거를 돌아볼 때의 통찰력은 대단할 수밖에 없다. 특히 축구에서는 더욱 그렇다. 우리는 어떤 선수가 그 구단이나 리그 수준에 맞지 않는 것 같다는 의문과 함께 버려지는 경우를 자주 본다. 최근 들어 이러한 사례에서 최악 중 하나는 첼시였다. 케빈 더브라위너와 로멜루 루카쿠(Romelu Lukaku)를 내보낼 당시 첼시가 받은 이적료는 미래 가치의 손톱만큼에 불과했다. 그 명단에 무함마드 살라흐의 이름도 올릴 수 있다. 첼시는 스위스 구단 바젤로부터 살라흐를 영입했으나, 1군에서 충분한 출전 기회를 주지 못했다.

현재 리버풀 선수 중 데이터를 중심으로 한 전력 강화부의 노력을 가장 잘 보여주는 선수가 바로 살라흐다. 2016/17 시즌 당시 리버풀은 공격진을 강화해줄 영입 후보를 찾고 있었고, 클로프 감독은 바이엘 레버쿠젠 공격수 율리안 브란트(Julian Brandt)를 영입하려고 마음먹었다. 브란트는 젊은 독일 공격수로, 공격 삼각편대 중 왼쪽 측면을 소화하는 선수였다. 하지만 이 포지션은 마네에게 가장 잘 맞는 역할이었다.

전력 강화부에서는 만장일치로 살라흐를 영입하는 게 맞다고 믿고 있었다. 이집트 출신 공격수인 살라흐는 세리에A의 로마 소속으로 3년간 인상적인 활약을 펼쳐왔다.

리버풀 선수 중 몇몇은 자신의 경력을 면밀하게 계산해 발전 과정마다 그 시기에 알맞은 수준의 무대를 밟아왔다. 반면에 살라흐는 정상까지 돌아서 올라온 선수라고 볼 수 있다.

살라흐는 조국 이집트의 아랍 컨트랙터스 SC 소속으로 프로 생활을 시작, 2010년 당시 18세의 나이에 1군 데뷔전을 치렀다. 지금의 살라흐를 생각하면 그만한 재능이 주목을 받는 건 당연한 일이었지만, 당시에는 세네갈의 마네와 마찬가지로 북아프리카 선수가 유럽 무대로 가는 확실한 루트가 없었다. 그 덕분에 스위스의 바젤이 2012년에 살라흐를 영입할 수 있었다.

유럽에 정착한 살라흐는 곧바로 자신의 빠른 발과 상대 수비진을 돌파하는 능력으로 두각을 나타냈지만, 당시에는 마무리 슈팅이 깔끔하지 못했다. 그럼에도 불구하고 그는 바젤에서 팬들의 인기를 독차지했다. 점차 스카우트들도 살라흐의 플레이를 보기 위해 바젤의 경기장에 모여들었다. 살라흐에 대한 관심이 뜨겁기는 했지만, 그가 2년 만에 바젤을 떠나 1100만 파운드에 첼시로 이적한 것은 놀라운 일로 여겨졌다.

마네나 파비뉴 같은 선수들은 꾸준한 단계를 밟아 프리미어리그에 입성한 반면 살라흐는 그렇지가 않았고, 첼시 소속으로 프리미어리그 무대에서 2년간 별다른 성과를 내지 못했다. 당시에는 첼시 1군 수준에서 살라흐가 인상을 남기지 못한 게 놀라운 일은 아니었을지 모른다.

첼시가 살라흐를 영입한 건 유럽 전역에서 유망주들을 과도하게 끌어모아 임대를 통해 1군에서 뛸 만한 선수를 찾아내겠다는 전략의 일부였다. 루카쿠와 더브라위너도 마찬가지 전략으로 영입됐다가 팀을 떠나게 된 것이다. 또한, 당시 첼시 감독이었던 무리뉴는 1군 선수단 숫자를 적게 유지하는 것으로 악명이 높았다는 점을 명심해야 한다. 살라흐는 첼시에서 2년간 13 경기에 출전할 만큼 인상적인 모습을 보였지만, 1군에서의 출전 기회 부족으로 자신이 정체되고 있다는 생각에 흔들리고 있었다. 이적을 모색하던 살라흐는 결국 2015년 1월 이적 시장을 통해 피오렌티나로 18개월간 임대됐다. 오늘날의 살라흐로 제대로 발전하기 시작한 것은 바로 피오렌티나에서였다. 그는 마무리 슈팅과 패스가 발전하여 페널티 지역 주변에서의 폭발적인 움직임과 결합돼 제대로 효과를 발휘했고, 그 덕분에 살라흐는 피오렌티나에서 확고한 주전 공격수로 순조롭게 자리잡을 것으로 보였다. 그런데 살라흐는 다음 시즌 피오렌티나로 복귀를 거부했다. 첼시와 피오렌티나의 협의대로 그가 1년 더 임대 생활을 해야 하는 상황이었는데도 말이다.

이때가 살라흐의 경력에서 처음으로 강하게 고집을 부렸던 순간이다. 결국 첼시와 피오렌티나의 합의는 취소됐으나, 살라흐는 여전히 세리에A 무대에서 뛸 수 있었다. 대신에 로마 임대를 선택했기 때문이다.

로마에서 살라흐는 반년간 피오렌티나에서 펼쳤던 활약보다 더 뛰어난 모습을 보여주며 엄청난 발전을 이어갔다. 그 시즌이 마무리된 뒤 로마는 살라흐를 완전 영입했다. 이적료는 1350만 파운드였다.

결과적으로 첼시는 몇 년이나 자신들의 시스템에서 발전하던 선수를 아주 작은 이익만 남기고 내보내게 됐고, 그 선수는 1년 뒤부터 세계 최고의 선수 중 하나로 거론됐다.

2016/17 시즌의 빛나는 활약과 기록으로 살라흐는 리버풀 전력 강화부의 주목을 받게 된다. 그는 현재 유럽에서 가장 효과적으로 골을 터트리는 공격수 중 하나지만, 기회를 만드는 능력도 뛰어나고 무엇보다 공간을 만드는

능력까지 갖추고 있다. 위치 선정만으로 상대 수비를 자신에게 끌어들이는 덕분에 자연스럽게 동료들에게 다른 공간을 열어줄 수 있는 것이다.

지금 시점에서 돌아보면, 리버풀 전력 강화부와 클로프 감독이 살라흐를 영입한 것은 완벽하게 합리적인 선택이었다. 반대로 첼시는 세계 최고의 선수 중 두 명인 살라흐와 더브라위너를 기회조차 주지 않고 내보낸 것으로 보인다. 이는 리버풀 전력 강화부의 수준이 뛰어난 덕분이기도 하지만, 다른 구단의 실수를 잘 이용한 것이기도 하다.

이제 살라흐는 리버풀에서 세계 최고의 공격수이자 가장 위협적인 슈팅을 하는 선수로 발전했다. 기록을 봐도 월드클래스인데, 90분당 0.61골, 슈팅 3.57회, 드리블 돌파 4.29회를 기록했다. 상대 페널티 지역 안에서의 볼 터치도 6.69회로 팀 내 1위다. 피르미누가 아래쪽으로 내려오면 마네와 살라흐는 상대 페널티 지역 안쪽 공간을 차지하고, 이 위치에서 두 선수는 치명적인 존재가 된다.

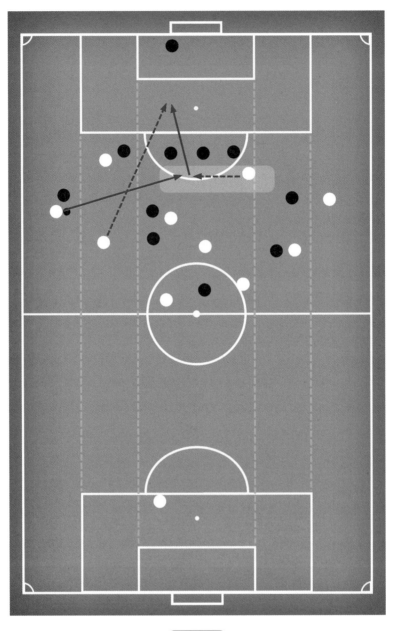

그림 68

살라흐는 리버풀에서 펼친 활약 덕분에 이제는 위치 선정만으로도 상대에 게 영향을 주는 수준이 됐다. 살라흐가 이렇게 위협적인 존재가 되자, 리버 풀이 공격을 감행할 때 여러 선수가 그의 위치를 살피는 경향이 있다.

그 덕분에 살라흐는 동료가 파고들 공간을 만들어주기도 하고, 자신이 파 이널 서드에서 패스를 받아 공간으로 파고들기도 한다. 이런 면에서는 살라 흐가 이타적이라고도 볼 수 있는데, 실제로 그는 연계 플레이가 아주 뛰어 나고 속임 동작과 함께 완벽한 강도의 패스를 보낼 줄 안다.

그림 68은 이러한 모습을 보여준다. 리버풀이 본머스의 촘촘한 수비 블록 을 뚫으려 하는 상황이다. 첫 번째 패스는 왼쪽의 마네에게 이어지고, 살라 흐는 중앙 지역에서 약간 벗어나 있다가 패스를 받으러 중앙쪽으로 움직인 다. 살라흐가 이 공간에서 수비 견제 없이 패스를 받았으니 돌아서서 슈팅 을 시도할 것으로 예상할 수 있다. 그런데 그는 슈팅하는 대신 하프 스페이 스에서 페널티 지역 안으로 달려가는 로버트슨을 향해 완벽한 타이밍에 패 스를 이어준다.

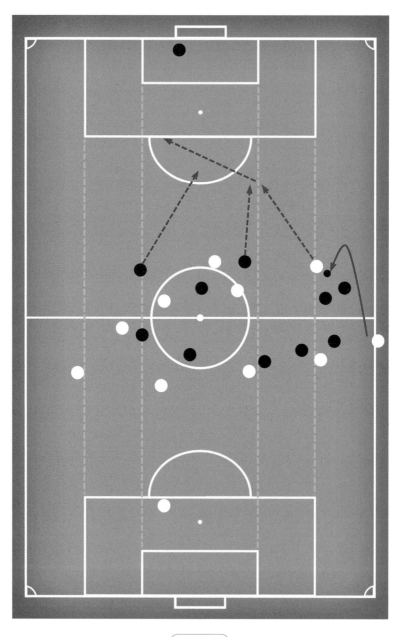

그림 69

살라흐는 수비 전환 시의 압박과 카운터 압박 외에는 전혀 수비에 가담하지 않는다. 그는 중앙 지역 높은 위치에 그대로 있으면서 리버풀이 공을 되찾을 때를 대비해 에너지를 회복한다. 공을 되찾아 공격으로 전환할 때 살라흐는 자연스럽게 공간으로 달려나갈 수 있는 위치에 있게 된다.

그림 69는 리버풀이 측면에서 스로인 기회를 얻어낸 상황이다. 빠르게 스로인이 이어지고, 상대 수비 두 명이 공을 따내려 달려들지만 헤더에 실패한다. 공은 넓은 공간에서 기회를 기다리고 있던 살라흐에게 떨어진다.

살라흐는 공을 잡자마자 공간으로 달려가는데, 달려가는 각도를 보면 최대한 빠르게 페널티 지역 안쪽을 공략하려는 의도가 보인다. 두 명의 상대 수비가 태클을 위해 달려오지만, 살라흐는 슈팅을 하려는 듯한 자세로 간단히 속인 뒤에 그대로 공을 몰고 더 전진한다.

지금까지 봤왔듯이 살라흐는 파이널 서드에서 연계 플레이 능력을 갖추고 있지만, 수직 방향으로 전진할 때는 가장 위협적이고 독단적인 선수이기도 하다. 살라흐가 최전방에서 패스를 받을 때는 곧바로 돌아서서 상대 수비와 맞서곤 한다. 이는 리버풀이 공을 잡았을 때 클로프 감독이 선호하는 수직성 콘셉트의 핵심적인 특징 중 하나다.

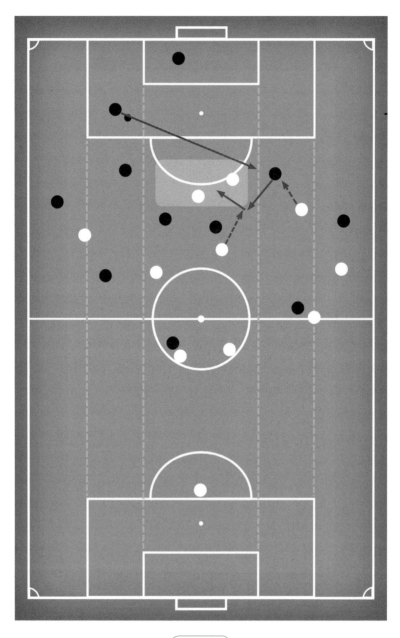

그림 70

그림 70 또한 리버풀의 수비 상황으로, 살라흐는 중앙의 높은 지역에 머무르는 모습을 보여준다. 이번에는 울버햄튼과의 경기인데, 상대가 빌드업 과정에서 이상한 선택을 한다. 상대 수비가 자기 페널티 지역 안에서 골문을 가로지르는 패스를 시도하는데, 이때 살라흐와 피르미누는 상대의 견제 없이 중앙 지역에 위치해 있다.

상대의 대각선 패스가 다소 강하게 이어진 탓에, 패스를 받으려던 선수는 자기 골문을 바라보는 채로 페널티 지역 가까이에서 공을 잡게 된다. 이것이 리버풀의 압박 타이밍이 되고, 리버풀 선수는 즉시 압박에 나선다. 상대 선수는 가까스로 공을 걷어내지만, 이것이 동료에게 이어지기 전에 재빨리 헨더슨이 다가가서 전방 압박으로 공을 따내 중앙 지역의 살라흐에게 이어준다.

이번에도 살라흐는 수비에 거의 가담하지 않고, 공격 전환 시에 이득을 취할 수 있는 완벽한 위치에 자리하고 있던 것이다.

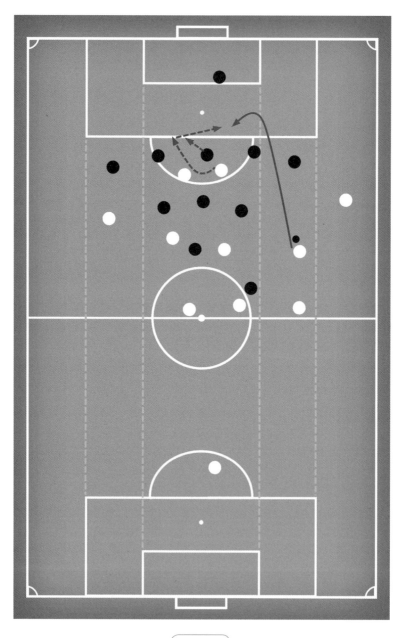

그림 71

그림 71에서도 살라흐는 오른쪽 측면이 아닌 중앙 지역에 위치하고 있다. 상대는 5백 수비를 펼치는데, 살라흐는 좁은 지역에서도 공간을 찾아내는 지능적이고 기술적인 플레이를 보여준다.

오른쪽 하프 스페이스의 헨더슨에게 패스가 이어진 순간, 리버풀 선수들은 파이널 서드 지역에서 움직임이 부족한 상황이다. 그러나 헨더슨은 살라흐가 상대 수비수들 사이에서 공간을 만들어낼 수 있다는 걸 알아챘다.

살라흐의 첫 번째 움직임은 공에서부터 멀어지며 자신을 막고 있던 수비수의 사각으로 들어가는 것이다. 상대 수비는 이에 맞춰서 따라 움직일 수밖에 없고, 살라흐의 움직임을 읽은 헨더슨은 상대 수비진과 골키퍼 사이 공간으로 드롭 패스를 보낸다. 상대 수비가 균형을 잃자 살라흐는 다시 아래로 내려와 상대 수비를 가로지르는 두 번째 움직임을 가져가며 수비진을 뚫고 오는 패스를 받는다.

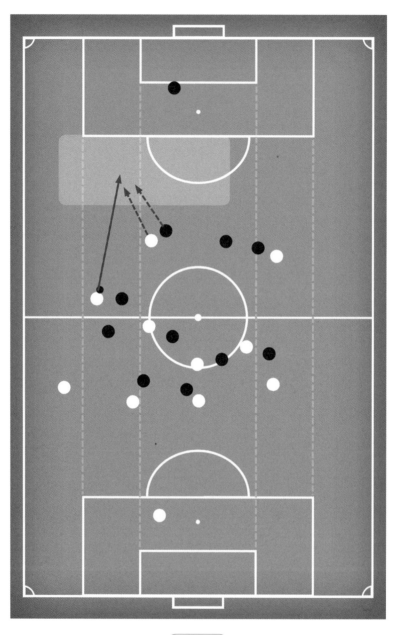

그림 72

리버풀이 수비할 때 살라흐가 높은 위치를 유지하면 상대 수비 블록은 균형을 잃을 수밖에 없다. 왼쪽 측면에서는 마네가 레프트백을 커버하러 내려가지만, 오른쪽은 그렇지가 않기 때문이다. 알렉산더-아놀드가 수비에서 고립되지 않도록 커버하는 선수는 미드필드에 있는 헨더슨과 파비뉴다. 두 선수모두 오른쪽 측면으로 이동해 알렉산더-아놀드의 뒤로 날아오는 패스를 수비하도록 돕는다.

클로프 정도의 감독이 수비 불균형을 허락하는 것은 단점보다 장점이 확실히 크기 때문이다. 이 경우는 살라흐가 높은 위치에서 상대 수비와 일대일로 맞설 수 있다는 것이 확실한 장점이다.

그림 72에서 리버풀이 빠르게 공격으로 전환하는 모습을 볼 수 있다. 패스가 왼쪽 측면으로 이어지고, 마네는 수직 방향으로 전진할 수 있는 길을찾아냈다. 공이 하프라인을 넘어서자 살라흐도 뒤쪽 공간을 향해 전진하며상대 수비 간격을 벌려놓는다. 이 상황은 상대의 세트피스 공격 이후에 만들어진 것이고, 상대는 수비 조직을 다시 구축하기 위해 애쓰지만 리버풀의공격이 너무 빨라 살라흐를 일대일로 막아야 하는 상황이다. 여기서 다시리버풀의 수직성을 볼 수 있다. 마네가 살라흐의 전진에 맞춘 각도로 패스를 넣고, 살라흐는 상대 수비를 따돌리고 페널티 지역 안으로 들어가 득점기회를 잡는다.

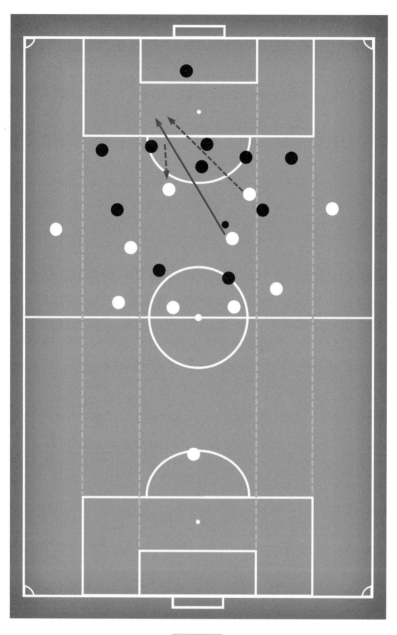

그림 73

그림 73은 이 장의 마지막 예시로, 리버풀 공격수들이 높은 위치와 낮은 위치를 오가며 만드는 움직임이 낮게 내려선 상대 수비 블록을 뚫는 데 얼마나 효과적인지를 보여준다. 공이 중앙 지역에 있는 상황, 마네가 측면 공간으로 움직이고 살라흐는 공의 오른쪽에 있으며 피르미누는 중앙에 자리를 잡고 있다.

상대 수비진은 촘촘한 간격을 유지한 채 압박을 하러 나올 기미가 없는 상태다. 그들은 리버풀이 전진할 수 있는 공간을 차단하고 있는 것에 만족하는 것으로 보인다.

바로 이때 높은 위치와 낮은 위치에서의 움직임이 중요해진다. 우리는 피르미누가 10번 위치로 내려서는 걸 좋아한다는 사실을 알고 있다. 피르미누가 공을 향해 내려오면서 패스를 받을 수 있는 선택지가 되는데, 상대 수비진은 여전히 그대로 선 채 피르미누를 따라 나오진 않는다. 그래도 이 움직임으로 상대 수비의 주의는 분산시킬 수 있다. 피르미누가 내려오는 순간 살라흐는 대각선 방향으로 움직이며 피르미누보다 위쪽으로 달려간다. 살라흐가 상대 수비진까지 뚫고 전진하려 하자, 마네는 이 움직임을 알아채고 살라흐를 향해 패스를 보낸다.

Chapter 14
호베르투 피르미누

공격수 셋이 거의 완전히 안쪽에 자리하는 것은 리버풀의 전술적 유연성과 창의성을 보여준다. 이 때문에 상대 수비는 끊임없는 문제에 시달리게 된다. 최전방 공격수가 연계 플레이를 책임지며 득점 기회를 만들고, 측면 공격수들은 중앙 지역을 점유하면서 골문을 향해 슈팅할 수 있는 위치로 움직인다. 이를 막으려면 상대의 수비 계획은 복잡해지기 마련이다.

스트라이커가 밑으로 내려와서 공격 속도를 효과적으로 조율하도록 하려면, 그런 플레이를 할 수 있는 알맞은 공격수가 필요하다. 다행히도 리버풀은 이 포지션에 거의 완벽하게 어울리는 선수를 찾아내는 전력 강화부를 보유하고 있었다. 당시 감독이었던 브렌던 로저스가 영입을 노골적으로 반대했음에도, 리버풀은 브라질 국가대표 공격수 호베르투 피르미누와 계약했다.

피르미누는 엘리트 수준의 축구에서 매우 독특한 특징을 보유한 선수다. 그는 중앙 지역 아래쪽에서든 페널티 지역 근처에서든 패스를 받아 연계 플레이를 통해 득점 기회를 만들어낸다. 수비 전환 시에는 적극적으로 압박을 가하거나, 밑으로 내려와 있을 때는 패스 길을 잘라 상대의 효과적인 공격 전환을 차단하기도 한다. 한마디로 피르미누는 전술적으로 어떤 것을 요구해도 그대로 해낼 수 있는 선수인 것이다. 팀을 위한 이타적인 플레이 능력을 고루 갖췄지만, 피르미누는 그런 플레이만 하는 선수가 아니다. 그는 자기 자신보다 팀을 우선으로 두기 때문에 본인이 일면을 장식하려 하지 않고, 그 뒤에 있는 핵심 선수가 되려고 한다.

피르미누가 정상까지 올라선 길은 여느 리버풀 선수와 마찬가지로 전형적이다. 그는 브라질의 피게이렌세에서 프로 데뷔를 했는데, 당시에는 공격수가 아닌 수비형 미드필더로 뛰었다. 이 경험 덕분에 피르미누는 공을 침착하게 다루고 동료들과 연계하는 빌드업 플레이에 능하며, 공을 가지지 않은 상황에서도 열심히 뛰며 수비를 돕는 선수가 됐다고 볼 수 있다.

2011년 유럽 무대에 도전할 당시에는 독일 분데스리가에 막 자리를 잡기 시작한 호펜하임으로 건너갔다. 이때도 여전히 피르미누는 온전한 공격수로 기용되지 않았다.

이전보다는 전진한 위치였으나 전형적인 10번이나 측면 공격수 역할이었고, 공격의 중심 역할을 하는 9번과 함께 서곤 했다. 이런 면에서 피르미누는 공격의 선봉이 아닌 지원자라고 볼 수 있었다. 그럼에도 그는 브라질과 독일 축구의 장점을 결합해 창의적이고 성실한 플레이로 팬들의 마음을 곧바로 사로잡았다. 개인기가 뛰어나 페널티 지역 근처에서는 원터치 패스나 속임 동작으로 슈팅할 공간을 만들기도 했지만, 이러한 개인기에 더해 선수로서의 발전에 집중하고 노력하려는 열망 또한 갖추고 있었다.

피르미누가 점차 호펜하임의 핵심 선수를 넘어 독일 무대에서 가장 흥미진진한 공격수로 자리를 잡게 되자 리버풀의 전력 강화부가 영입에 관심을 보였다. 당시 구단 내부에서는 마이클 에드워즈 단장의 영향력이 커지기 시작한 참이었다. 에드워즈 단장과 전력 강화부는 피르미누를 리버풀 공격의 선봉으로 영입하고 싶어했지만, 당시 감독이었던 브렌던 로저스는 애스턴 빌라 공격수 크리스티앙 벤테케(Christian Benteke)의 영입을 원했다. 결국 양자가 타협해 두 선수를 모두 영입했는데, 이제 와서 보면 어떤 판단이 더 나았는지는 분명해졌다. 벤테케는 리버풀에서 어려움을 겪은 끝에 크리스탈 팰리스로 떠났고, 피르미누는 리버풀에서 가장 중요한 선수 중 하나가 됐다.

리버풀에 온 피르미누는 중원 낮은 지역부터 최전방까지 올라가며 전술적으로 계속해서 진화했다. 여전히 핵심은 창의성이었지만, 골문 앞에서의 활약도 중요했다. 상대 수비 조직 사이의 공간을 피르미누만큼 잘 찾아내는 선수는 드물다. 이러한 능력에 공간을 파고드는 성실한 움직임이 더해지자, 피르미누는 공을 가졌을 때는 물론이고 공이 없을 때도 상대 수비를 끌어당기며 경기에 영향력을 발휘했다. 상대 수비가 피르미누를 향해 움직이는 순간 원래 있었던 위치에 공간이 생기고, 이를 리버풀의 다른 공격수들이 공략할 수 있기 때문이다. 관련 사례를 통해 피르미누의 활약을 좀 더 살펴보자.

KING KLOPP

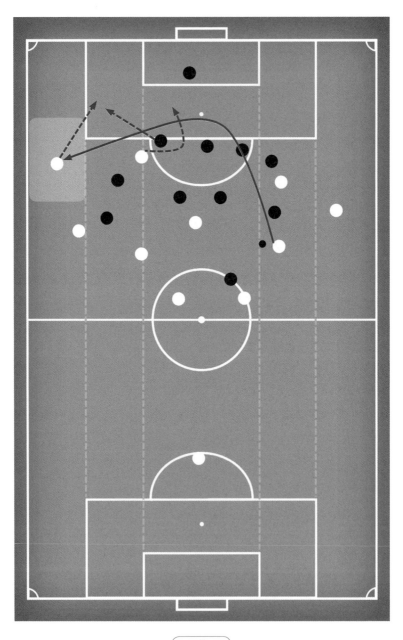

그림 74

그림 74에서 우리는 피르미누의 유연한 위치 선정과 경기장 구석구석으로 파고드는 능력을 볼 수 있다. 그는 공격 삼각편대의 모든 포지션은 물론이고 10번이 서야 할 공간으로도 움직인다. 이번에는 측면으로 움직이며 마네가 중앙으로 움직이게 해주고, 살라흐는 오른쪽에 위치해 있다.

피르미누가 공을 잡았을 때는 수비가 전혀 없는 상황이라 페널티 지역 방향으로 달려든다. 이 움직임으로 상대 수비를 끌어내고, 그 결과 마네가 니어 포스트 공간에 남게 된다. 상대가 따라나오자 피르미누는 방향을 바꿔 마네가 위치한 니어 포스트를 향해 패스를 보낸다.

리버풀의 공격 효율성은 피르미누의 위치 선정에 크게 의존하고 있다. 공간을 찾아 들어가 패스를 받는 능력으로 계속해서 상대 수비를 끌어내 공간을 만들고, 이는 동료들이 직접 공략할 수 있는 기회를 만들어준다.

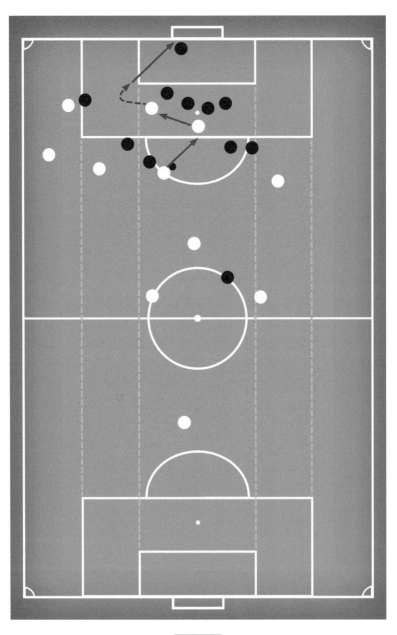

그림 75

리버풀에서 피르미누만큼 창의적이고 좁은 공간에서 뛰어난 플레이를 펼치는 선수는 살라흐 정도밖에 없다. 그림 75는 토트넘과의 경기 장면으로, 페널티 지역 안에 파고들 공간이 없는 상황에서도 리버풀은 슈팅 기회를 만들어낸다.

공이 중앙의 살라흐에게 이어지자 살라흐는 왼쪽의 피르미누에게로 공을 돌려놓는다. 피르미누는 공이 그대로 흘러가도록 놔두다가 재빨리 수비진 뒤쪽으로 방향을 바꾼다. 이렇게 좁은 공간에서 공을 마음대로 다루는 능력 덕분에 피르미누는 계속해서 연계 플레이를 펼치고 득점 기회를 만들 수 있었다.

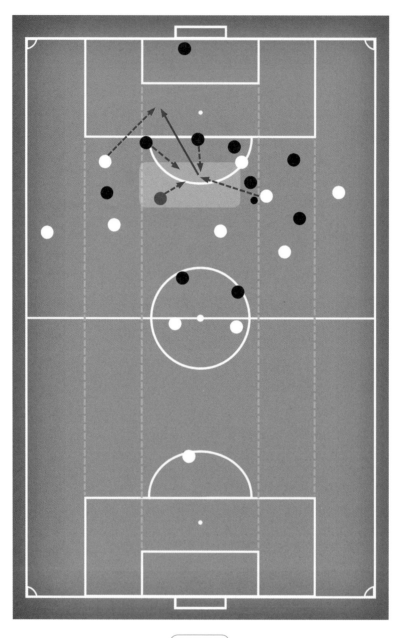

그림 76

피르미누는 아래쪽 공간으로 많이 내려와서도 위협적인 플레이를 펼친다. 그는 공을 가졌을 때도 그렇고, 그렇지 않을 때도 동료들에게 공간을 만들어준다. 공을 가졌을 때의 위협적인 플레이를 그림 76에서 볼 수 있다.

피르미누가 중앙 아래쪽 공간으로 내려오자 살라흐가 전진해 있고, 마네는 왼쪽 측면에 위치하고 있다. 피르미누는 아래쪽에서부터 올라오는 동료들과 연계 플레이를 펼칠 수도 있겠지만, 사례에서는 자신과 가장 가까이 있던 수비를 일대일로 돌파한 뒤 상대 수비진과 맞선다. 그러자 상대 수비는 곧바로 피르미누에게 집중하기 시작하고, 세 명의 선수가 달려들어 압박을 가하려 한다.

이 움직임 덕분에 리버풀은 상대 수비를 수적으로 압도할 기회를 잡는다. 이때 피르미누는 왼쪽으로 침투 패스를 보내고, 대각선 방향으로 움직이던 마네가 페널티 지역 안에서 이 패스를 받아 득점 기회를 맞이한다.

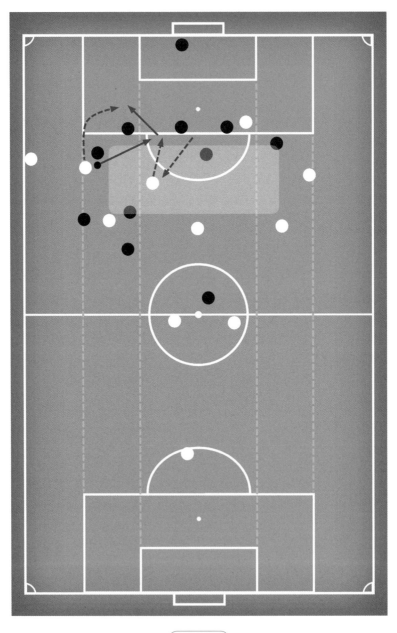

그림 77

리버풀에서의 피르미누만큼 효과적으로 연계 플레이를 펼치는 공격수는 없다. 이러한 사례를 그림 77에서 볼 수 있다. 이번에도 위쪽에서 아래로 내려오는 움직임이 핵심이다.

살라흐가 파 포스트 쪽에서 상대 수비를 사각에 고립시키려 하고, 공은 페널티 지역 모서리에서 마네가 잡고 있다. 먼저 움직임을 가져가는 건 피르미누다. 그는 최전방에서 아래쪽으로 내려오며 수비를 따돌린 뒤, 다시 페널티 지역으로 진입하며 마네와 연계 플레이를 펼친다.

이 움직임으로 상대 수비 간격이 벌어지기 시작하고, 피르미누는 공의 전진을 돕는다.

다시 페널티 지역 안으로 들어가며 마네의 횡 패스를 받은 피르미누는 수비 뒤쪽 공간으로 패스를 하고, 그 공간을 향해 대각선 방향으로 움직이던 마네가 패스를 받아 득점 기회를 맞이한다. 이 움직임과 패스 연계는 리버풀이 상대의 촘촘한 수비 블록을 무너뜨리는 핵심 전략이다.

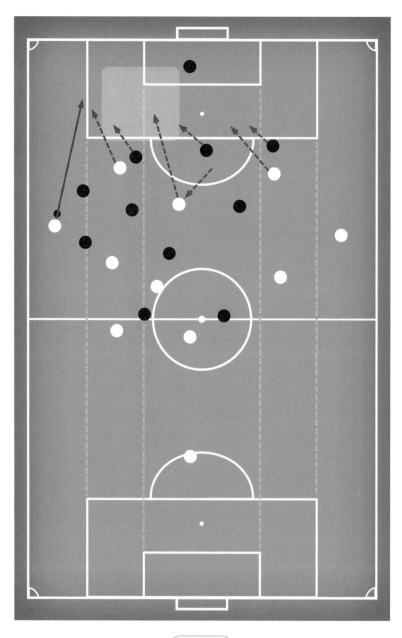

그림 78

그림 78에서도 피르미누는 단단한 수비를 상대로 아래쪽에서 위로 올라가는 움직임을 보여준다. 이번에는 레드불 잘츠부르크와의 챔피언스리그 경기다. 리버풀이 왼쪽 측면에서 공격을 감행하며 로버트슨이 공을 가지고 있다. 로버트슨은 간단한 전진 패스를 측면 공간으로 움직이는 마네에게로 이어준다.

마네가 움직이면서 상대 수비를 측면으로 끌고 나온다. 리버풀이 상대 수비 블록을 뚫으려 노력하는 가운데, 잘츠부르크는 아주 잘 정돈된 수비를 펼치고 있다.

공이 측면으로 이어지는 순간, 아래쪽 공간에 있던 피르미누가 움직이며 자유로운 상태가 된다. 마네가 측면으로 움직일 때 피르미누는 정교한 수직 움직임으로 상대 수비 블록을 가르며 들어가고, 피르미누가 슈팅할 수 있는 위치까지 가자 가까운 쪽 골대로 패스가 이어진다. 마네는 한 박자 늦은 타이밍에 깊숙한 공간까지 빠르게 파고드는 반면, 피르미누는 그와 반대로 속도가 아닌 타이밍에 의지하며 거의 수비 눈에 띄지 않을 정도로 움직인다.

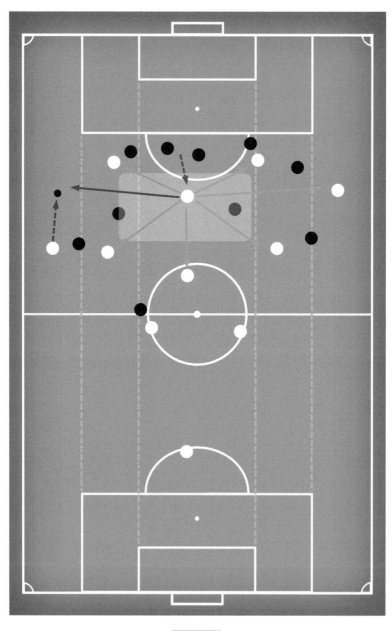

그림 79

피르미누는 공격의 기점 역할을 하며 리버풀의 완전한 핵심으로 활약해왔다. 그림 79를 보면 그 이유를 알 수 있다.

피르미누가 10번 공간으로 내려선 상황, 다른 리버풀 선수들은 전형적인 공격 조직을 구축하고 있다. 보다시피 피르미누는 중앙에서 파이널 서드와 최전방까지 모든 지역으로 움직일 수 있는 위치다. 이 상황에서는 공이 왼쪽 측면의 로버트슨에게로 전환되고, 로버트슨은 패스를 받아 높게 전진할 수 있게 됐다. 피르미누는 최전방에서 한 단계 아래로 내려선 덕분에 공격 조직을 구축한 어떤 선수와도 연계 플레이를 펼칠 수 있다.

15

골 장면 분석

지금까지 리버풀의 전술 콘셉트에 대해 알아보았다.

이 장에서는 2019/20 시즌 리버풀이 득점한 7골의 장면을 살펴보고 분석해보고자 한다. 모든 골은 이 책에서 다뤄온 콘셉트를 보여주며, 선수들이 경기장에서 어떤 위치에 있는지를 강조해뒀다.

살펴보기에 앞서 이 골들이 어떤 식으로든 리버풀이 득점한 '최고의 골'은 아니라는 점을 언급하고 싶다. 다만 전술적인 관점에서 다양한 이유로 흥미로운 골들이다.

축구 경기는 그 자체로도 즐거울 수 있지만, 전술 콘셉트를 이해하게 되면 경기를 관전하는 즐거움이 더 다양해지고 깊어질 수 있다. 지금부터 소개하는 7골의 장면을 보면서 앞서 다뤘던 리버풀의 전술 콘셉트를 되짚어보자.

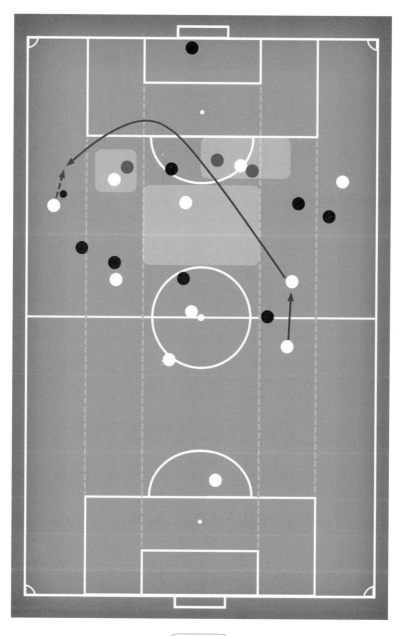

그림 80

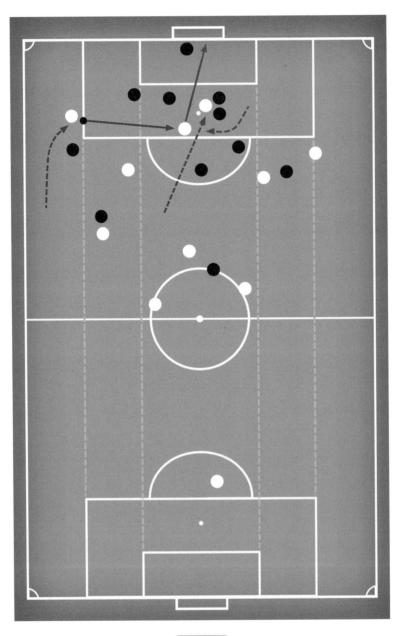

그림 81

1) 무함마드 살라흐 vs 웨스트햄

첫 골의 주인공이 살라흐인 것은 어떻게 보면 당연한 일일지도 모르겠다. 살라흐는 페널티 지역의 움직임을 파악해서 공간을 만들어냈고, 로버트슨의 컷백을 골로 마무리했다. 그림 80(229p)은 리버풀의 공격 삼각편대가 공간을 점유하는 모습을 보여준다. 마네는 왼쪽, 살라흐는 오른쪽에서 상대 수비와 일대일로 맞선 가운데 중앙의 피르미누는 밑으로 내려와 있다.

하프라인 바로 위에 있던 옥슬레이드-체임벌린에게 전진 패스가 이어진 순간, 마네가 상대 풀백을 안쪽으로 끌고 들어가면서 로버트슨에게 스위치 플레이 기회가 생겼다. 이때 로버트슨에게 패스가 이어지면서 복잡한 움직임 변화도 이뤄진다.

그림 81은 그다음 움직임을 보여준다. 로버트슨이 패스를 받아 전진한 뒤 페널티 지역 안으로 들어갈 각도를 찾는다.

우리는 앞 장에서 밑으로 내려와 있던 피르미누가 전진해서 페널티 지역 안으로 침투하는 움직임에 대해 다룬 바 있다. 마네가 폭발적인 속도로 전진하는 편이라면, 피르미누는 타이밍을 잡고 움직이는 편이다. 이 장면에서도 그는 지능적인 움직임으로 상대 수비를 끌어냈다. 이 덕분에 살라흐를 막던 수비수가 피르미누에게 시선이 쏠렸고, 살라흐는 공간으로 침투한 뒤 중앙 지역에서 컷백을 받아 쉬운 마무리를 하게 된다.

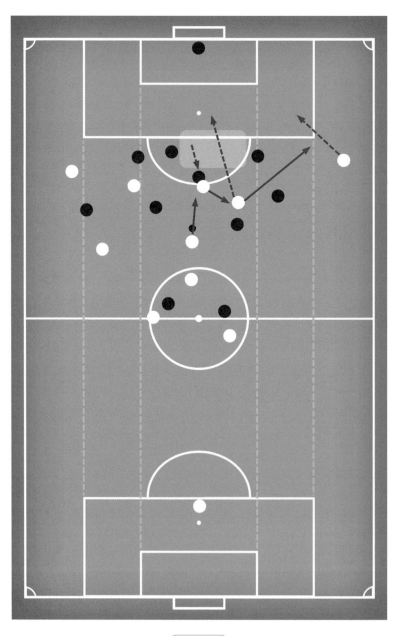

그림 82

2) 호베르투 피르미누 vs 레스터 시티

두 번째 골은 피르미누가 직접 득점한 장면이다. 이번에도 그는 아래쪽으로 내려와 있다가 페널티 지역을 공략했다. 그러나 이번에는 피르미누가 아닌 마네가 파이널 서드 지역으로의 패스 옵션 역할을 했다.

이 전개 상황을 그림 82에서 볼 수 있다. 중앙 높은 지역에서 상대 수비진을 등지고 선 선수가 마네이고, 피르미누는 그보다 약간 오른쪽에 위치하고 있다. 마네가 공을 향해 움직이며 파비뉴의 전진 패스를 받으려 하자 상대 센터백 중 하나가 압박과 패스 차단을 위해 끌려나오게 됐다.

자신에게 전진 패스가 오자 마네는 이를 수비수가 붙어 있지 않은 피르미누에게 내준다. 피르미누는 직접 골문을 향해 전진하는 대신 오른쪽 측면 공간으로 전진하고 있는 알렉산더-아놀드에게 패스해서 상대 수비 간격을 더 벌리기로 한다.

오른쪽 측면으로 향한 이 패스에 상대 수비진이 반응하면서 페널티 지역 안으로 들어올 패스를 차단하려고 한다. 상대 수비 블록이 움직이자 피르미누는 각도를 바꿔 수비 사이 공간으로 침투, 크로스를 받을 수 있는 위치로 움직인다. 이번에도 빌드업 시에 리버풀 선수들의 위치 선정으로 상대를 원래 위치에서 끌어내고, 수비 블록의 크기를 좁히는 것이 핵심이다.

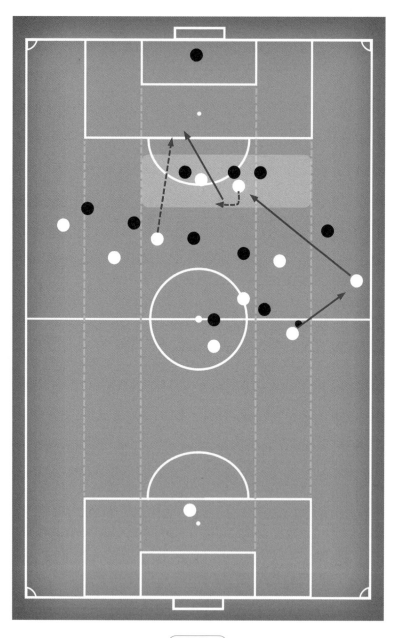

그림 83

3) 나비 케이타 vs 몬테레이

세 번째 골은 나비 케이타가 미드필드에서 어떻게 접근 방식에 차이를 줄 수 있는지를 보여주는 장면이다. 이 골은 그림 83에 설명되어 있다. 이번에도 움직임의 핵심은 높은 위치에 있는 두 공격수의 위치 선정이다. 상대적으로 낮은 위치에 공이 있을 때도 두 명의 리버풀 공격수는 중앙에 위치하면서 상대 수비 세 명을 그 자리에 잡아두고 있다.

　우선은 센터백이 라이트백에게 패스한 상황. 이 간단한 패스로 공격의 각도가 바뀌었다. 이제 패스가 두 공격수 중 하나인 살라흐의 발 밑을 향해 대각선 방향으로 이어진다. 보통 살라흐가 이 공간에서 패스를 받으면 돌아서서 수비 뒤쪽 공간을 공략하려 하지만, 이번에는 첫 번째 터치를 상대 골문을 등진 방향으로 한다.

　이 터치는 케이타에게 공간 침투 타이밍으로 작용한다. 왼쪽 중앙 미드필더로 뛰고 있던 케이타는 살라흐의 터치가 나온 즉시 수직 방향으로 움직여 수비 뒤쪽 공간을 향해 달려간다. 이러한 움직임은 다른 리버풀 미드필더들에게서는 자주 볼 수 없는 것이다. 살라흐는 케이타의 움직임에 맞춰 간단한 침투 패스로 득점 기회를 만들어주게 된다.

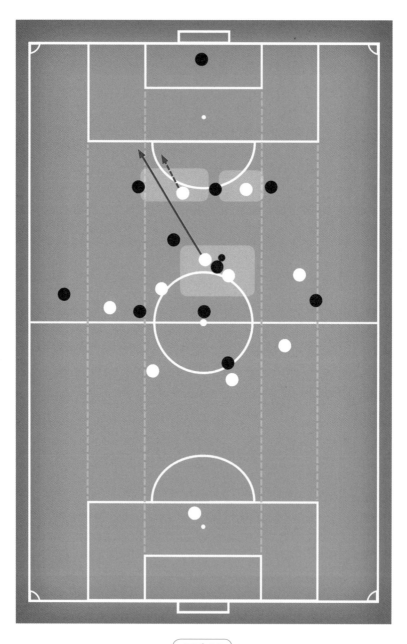

그림 84

4) 사디오 마네 vs 뉴캐슬

그림 84는 리버풀의 포메이션이 무너진 상황에서 나온 첫 번째 골 장면으로, 앞서 다뤘던 콘셉트 중 두 가지를 분명하게 보여준다. 첫 번째 콘셉트는 카운터 압박인데, 뉴캐슬이 중앙 지역에서 공격으로 전환하는 순간 두 명의 리버풀 선수가 전진해서 압박을 가하는 모습을 볼 수 있다.

이 두 선수가 상대 실수를 유발했고, 공격을 위해 전진하던 뉴캐슬은 포메이션이 무너지고 말았다. 이제 두 번째 전술 콘셉트의 중요성을 볼 수 있다. 두 명의 리버풀 공격수들은 높은 위치를 고수하며 압박이나 수비 전환에는 가담하지 않고 있었다. 중앙에서 공을 따낸 순간, 왼쪽의 마네는 여전히 가장 높은 지역 공간에 위치해서 바로 수직 방향 패스를 받을 수 있었고, 그는 수비 뒤쪽 공간으로 달려 들어가 쉬운 마무리를 하게 된다.

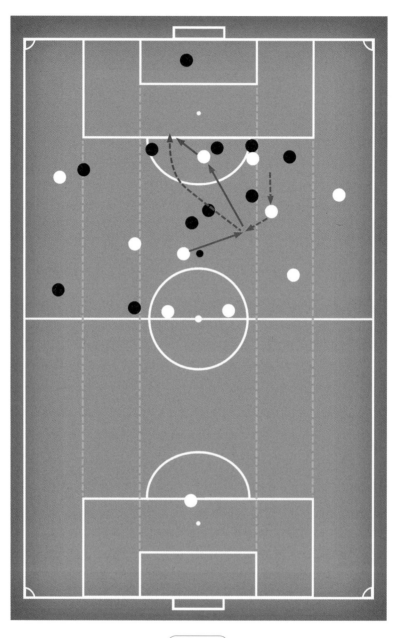

그림 85

5) 무함마드 살라흐 vs 뉴캐슬

그림 85의 골 장면은 최전방에서 패스를 받아 연계 플레이를 펼치는 피르미누와 살라흐의 능력을 보여준다. 이번에도 살라흐는 측면이 아닌 하프 스페이스에서 공을 받는다.

살라흐가 아래로 내려와 공을 잡은 순간 그 앞에는 뉴캐슬의 미드필드 블록이 자리하고 있다. 리버풀의 최우선 목표는 기회가 있을 때마다 공을 전진시키는 것이라는 걸 우리는 이미 알고 있다. 살라흐는 최전방으로 패스를 보내고, 피르미누가 이를 받게 됐다.

피르미누는 페널티 지역 가장자리에서 공을 잡고 압박해오는 수비를 견디고 있다. 살라흐는 패스를 보냄과 동시에 공을 쫓아 움직이고, 아래쪽에서부터 빠른 속도로 올라오며 피르미누가 내준 원터치 패스를 받아 골을 터트린다.

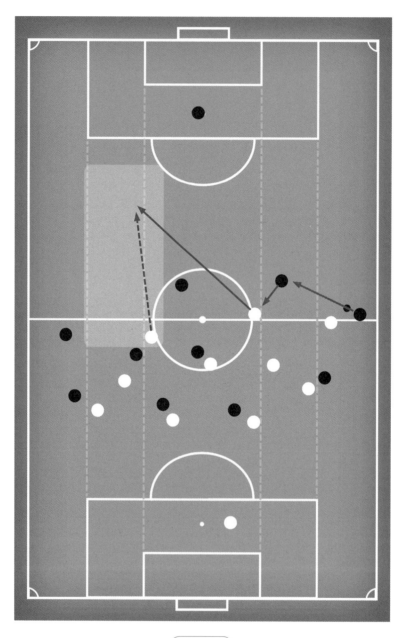

그림 86

6) 사디오 마네 vs 번리

그림 86의 골에서는 마네가 아래쪽에서부터 움직일 때 얼마나 위협적인 선수인지를 볼 수 있다. 번리가 공을 잡고 리버풀의 수비 블록을 뚫기 위한 방법을 찾고 있는 상황이다. 리버풀의 수비 위치는 잘 정돈돼 있어 번리가 쉽게 파고들 공간은 거의 없다. 이때 공을 가진 상대 레프트백을 살라흐가 막고 있다가 압박을 통해 센터백에게 백패스를 유도한다.

직접적인 압박은 거의 없는 상황이지만, 번리 수비수가 실수를 저질러 피르미누에게 패스를 하고 만다.

피르미누가 공을 잡았을 때 마네는 또다시 아래쪽 하프 스페이스에서부터 효과적으로 전진한다. 마네가 빠른 스피드로 수비 뒤쪽 공간을 향해 침투해 들어가고, 피르미누는 이에 맞춰 패스를 넣어 결정적인 찬스를 만든다.

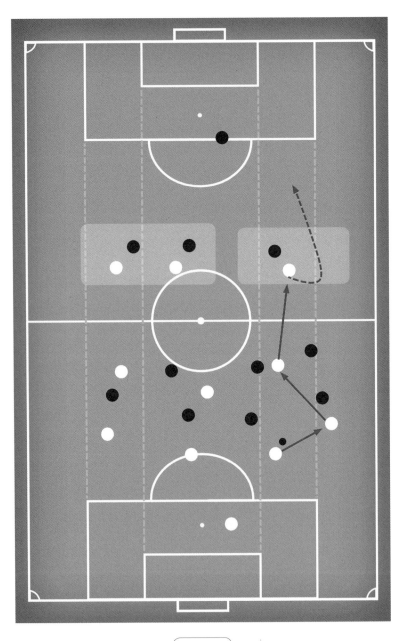

그림 87

7) 무함마드 살라흐 vs 아스널

마지막 골 장면은 그림 87로, 이는 클로프 감독이 리버풀에 도입한 전술 콘셉트 중 가장 중요하다고 할 수 있는 포인트를 보여준다. 그것은 바로 수비 상황에서 공격수들이 높은 위치를 유지하는 것이다.

아스널의 공격이 차단됐고, 리버풀은 자기 진영 낮은 위치에서 공을 되찾았다. 수직 방향 패스 옵션이 바로 보이지는 않기에, 패스가 빠르게 오른쪽 측면으로 이어졌다가 중앙으로 돌아왔다.

빠른 대각선 패스들을 통해 상대의 최전방 압박을 돌파한 리버풀은 공격의 기반을 마련했고, 이제 하프 스페이스의 살라흐를 향해 수직 방향 패스가 이뤄졌다. 여기서 핵심은 최전방 선수들의 위치 선정이다. 피르미누와 마네는 서로 가까이 서 있고, 살라흐는 반대쪽에서 상대 수비와 일대일로 맞서 있다. 공이 수직 방향으로 살라흐에게 이어지자, 그는 자신의 움직임을 활용해 수비를 따돌리고 돌아선다.

이렇게 공격수들을 최전방에 유지시킨 덕분에 상대는 후방에 수비 커버가 존재할 수 없게 되고, 리버풀 공격수들은 상대 수비와 일대일로 맞서는 상황을 맞이하게 된다.

결론

위르겐 클로프는 축구 역사상 가장 위대한 감독 중 하나로 남을 게 확실하다. 조국 독일 무대에서 FSV 마인츠와 보루시아 도르트문트를 이끌고 보여준 지도력도 뛰어났는데, 두 팀 모두 기대 이상의 성과를 거뒀을 뿐만 아니라 팬들, 구단 수뇌부와의 관계도 아주 좋았기 때문이다. 도르트문트에서 챔피언스리그 결승 진출과 분데스리가 우승이라는 인상적인 업적을 남겼지만, 리버풀을 맡아 프리미어리그 무대에서 남긴 업적과 직접 비교하면 빛이 바랠 정도다.

클로프는 코치진은 물론 전력 보강 팀과도 책임감 있는 관계를 유지하며 리버풀이라는 팀을 자신이 생각한 이미지대로 만들었고, 그 결과 자연스럽게 성공이 따라왔다. 리버풀은 예상보다 훨씬 길었던 우승 가뭄을 끝냈고, 이는 클로프가 안필드에서 이뤄낸 직접적인 결과물이다. 2018/19 시즌과 2019/20 시즌 내내 리버풀은 경기장 안팎에서 믿을 수 없는 시간을 보냈고, 매번 우승을 차지하지는 못했어도 우승을 차지할 자격이 있는 시즌을 치렀다.

클로프가 리버풀을 떠나려는 조짐은 전혀 보이지 않기 때문에 이러한 성공은 한동안 이어질 것으로 보인다.

　우리는 전술적인 관점에서 리버풀이 어떻게 공을 전진시키고, 파이널 서드에서 어떻게 변화를 주는지 분석해봤다. 수비 시의 압박 시스템도 클로프가 부임한 2015년부터 지금까지 디테일하게 변해왔다. 또한 마네와 살라흐같이 세계에서 가장 위협적인 공격수들이 유리한 위치를 선점할 수 있도록하는 메커니즘도 살펴봤다. 회전축 역할을 하는 핵심 선수들이 공을 잡으면 동료들이 그 주위를 돌아 움직였고, 이 모든 것이 하나의 팀이라는 맥락에서 이뤄졌다. 이것이 리버풀이라는 팀의 핵심이었다. 공격과 수비 모두를 하나의 유닛으로 함께했고, 이러한 전술 구조의 균형을 거의 완벽하게 맞출수 있도록 클로프 감독에게 선수단을 구성할 권한이 주어진 것이다.

　축구의 가장 큰 매력 중 하나는 주관적이라는 것이다. 독자 여러분과 필자가 나란히 앉아 같은 경기를 보더라도, 각자의 시각에 따라 다르게 볼 수 있기 때문이다. 이 책을 통해 독자분들이 전술적인 측면에서 축구를 더 재미있게 즐길 수 있게 되길 바란다.

KING KLOPP

킹 클로프

리버풀 왕조를 재건한 클로프의 전술 콘셉트

1판 1쇄 | 2021년 9월 27일
지 은 이 | 리 스콧
옮 긴 이 | 이 용 훈
발 행 인 | 김 인 태
발 행 처 | 삼호미디어
등   록 | 1993년 10월 12일 제21-494호
주   소 | 서울특별시 서초구 강남대로 545-21 거림빌딩 4층
         www.samhomedia.com
전   화 | (02)544-9456(영업부) / (02)544-9457(편집기획부)
팩   스 | (02)512-3593

ISBN 978-89-7849-645-2 (13690)

Copyright 2021 by SAMHO MEDIA PUBLISHING CO.